LE

Collection dirigée par Jean-François Balaudé

MACHIAVEL

Le Prince

TRADUCTION, PRÉSENTATION ET NOTES
PAR MARIE GAILLE-NIKODIMOV

LE LIVRE DE POCHE
Classiques de la philosophie

Marie Gaille-Nikodimov travaille à une thèse de philosophie politique sur le conflit civil dans la pensée de Machiavel. Elle a publié *Le Citoyen* (GF Flammarion, collection « Corpus », 1998).

ISBN : 978-2-253-06743-6 - 1re publication - LGF

À Étienne Balibar

INTRODUCTION

Lecteur, tu tiens entre tes mains un texte mille fois lu, sans cesse traduit et infiniment commenté. Solaire et clairvoyant pour les uns, diabolique et courtisan pour d'autres, il a traversé les siècles avec fracas, allant conquérir des lecteurs qui s'en considèrent les disciples, croient y voir énoncées des recettes et veulent les appliquer, qui au politique, qui au militaire, qui à la séduction amoureuse, qui à l'économie de marché. Peut-être ignores-tu que son manuscrit autographe est perdu et que la copie dédicataire parvenue à Laurent de Médicis le jeune, dont la bibliothèque des Médicis a conservé la trace jusqu'au début du XVIIe siècle, a disparu. Aussi son édition, pour être multiple, ne va pas de soi.

Une lettre de son auteur à un ami, Francesco Vettori, semble nous renseigner sur les circonstances de son écriture. Écarté de la Chancellerie florentine le 12 février 1513, suspecté d'avoir fomenté avec Agostino Capponi et Pierpaolo Boscoli une conjuration contre le cardinal Giuliano de' Medici, torturé et condamné à l'enfermement jusqu'à la mort, il est finalement libéré et assigné à résidence dans sa petite propriété de San Casciano. De là, le 10 décembre 1513, il écrit cette lettre où il décrit ses activités diurnes et nocturnes. Après avoir vaqué dans sa propriété, lu quelque poète auprès d'une source, discuté, joué aux cartes et au trictrac à l'auberge voisine, il rentre chez lui et se rend à son cabinet : « *Sur le seuil, j'enlève mes vêtements quotidiens, couverts de boue et tout crottés, et je revêts des habits dignes de la cour d'un roi ou d'un pape ; et vêtu comme il se doit, j'entre dans les antiques cours des Anciens, où, reçu par eux avec amour, je me repais de ce mets qui* solum *est mien et pour lequel je naquis ; et là je n'ai pas honte de parler avec eux et de leur demander les raisons de leurs actes ; et eux, par humanité, ils me répondent ; et pendant quatre heures de temps, je ne ressens aucun ennui, j'oublie tout tracas, je ne crains pas la pauvreté, la mort ne m'effraie pas : je me transporte tout entier en eux. Et comme Dante dit qu'il n'est pas de science sans que l'on retienne ce que l'on a compris, j'ai pour ma part noté, dans leur conversation, ce dont j'ai fait mon miel et j'ai composé un opuscule* De principatibus, *où je me plonge autant que je le peux dans des cogitations à ce sujet, en disputant de ce qu'est un principat, de quelles espèces ils sont, comment ils s'acquièrent, comment ils se maintiennent, pourquoi ils se perdent*[1]. » A partir de cette lettre, on ne peut cependant établir avec certitude que la rédaction du texte, tel que nous le lisons aujourd'hui, a occupé Machiavel seulement entre l'été 1513 et le 10 décembre de la même année. Les exégètes proposent plusieurs hypothèses concernant le temps de l'écriture et de la réécriture, qui pourrait s'étendre jusqu'en mai 1514, voire jusqu'en 1518.

D'autre part, la fortune nous a laissés aux prises d'une double tradition, manuscrite et éditoriale. Le texte est publié pour la première fois en 1532, cinq ans après la mort de Machiavel : d'abord à Rome (édition Blado), puis à Florence (édition Bernardo di Giunta). Pour l'établissement du texte, la tradition manuscrite, qui comporte des copies antérieures à 1532, est néanmoins essentielle, notamment parce que la tradition éditoriale se caractérise par de substantielles corrections et modifications de l'écriture machiavélienne.

Last but not least, se pose la question du titre : *De principatibus* dans la lettre du 10 décembre 1513 et celle que Niccolò Guicciardini adresse à son père le 29 juillet

---

1. Lettre à F. Vettori, tr. de J.-L. Fournel et J.-C. Zancarini, *Le Prince*, p. 531. Les références des textes mentionnés en note sont indiquées dans la Bibliographie.

1517, *De principe* dans les *Discours sur la première décade de Tite-Live* sous la plume même de Machiavel et dans la tradition éditoriale dès 1532. Ce n'est pas sans trouble que l'on jette un œil à la tradition manuscrite. Les copies recensées par G. Inglese présentent en effet de multiples titres ou propos liminaires qui en tiennent lieu :

A — Nicholaus machiauellus ad Magnifichu(m) lauren(n)tiu(m) Medicen

B — Nicol. Machiavel de modo acquirendi principatu<s>

C — Libro [...] de Principati : di Niccolo Machiauegli Cittadino fiorentino : al Mag^{eo} Lorenzo de Medici Giouano

D — NICOLAI MACLAVELLI DE PRINCIPATIBUS AD. LAV. MEDICEM(m)

E — De regimine civitatum

F — Il Principe Instruito di Nicolaus Machiavelli Al Magnifico Lorenzo De Medici

G — Nicolai Machiauelli ad Mag. L(aurenti)um Me. De principa(tibus) libellus feliciter incipit

K — [Nicholaus Machiauelus] ad mag(nificum) laurenti<um> medice(m)

L — NICOLAUS MACLAUELLUS AD. MAGNIFICUM LAURENTIU(M) MEDICEM

M — Nicholaus maclauellus magnifico Laurenzio Medicis

N — Nicolaus Machiavellus ad Magnificum Laurentium Medices. Anno 1518 Dux Urbinj.

P — OPERA DI NICCOLO MACHIAVELLI DE PRINCIPATI

Q — De principatu

R — NICOLAUS MACLAUELLUS AD MAGNIFICUM LAURENTIUM MEDICEM

T — Il Principe Di Niccolò Machiauelli

U — De Principatu

V — Considerationes Politicae Nicolai Maclaueli ad Magnificentissimu(m) Laurentium Mediceum Bononi — 1620

W — Incomincia il libro del gouerno di uno Principe

Composto per Niccholo Machiauelli ciptadino Fiorentino

Du prince au principat, des considérations politiques au livre du gouvernement d'un prince, le titre de l'œuvre du citoyen florentin Machiavel oscille. G. Inglese lui-même a retenu *De Principatibus* pour l'édition critique de 1994 et *Il Principe* pour l'édition de poche de 1995. Si nous décidons pour notre part de suivre la tradition éditoriale la plus ancienne et d'adopter à notre tour le titre du *Prince*, c'est moins au nom d'un argument irréfutable qui permettrait de faire la part des choses que du désir de mettre l'accent sur le dialogue entre le conseiller Machiavel et le prince que l'écrivain Machiavel met en scène, page après page, en s'adressant à tu et à toi à son interlocuteur de papier. De ce point de vue, il nous semble possible de sacrifier, pour le titre, la notion de principat, même s'il va de soi que nous lui accordons toute son importance dans le corps du texte.

Avec *Le Prince*, Machiavel nous offre d'abord un intense moment de lecture, car son texte a du rythme, un style et une allure. Il « *nous fait respirer l'air sec et subtil de Florence et ne peut se retenir d'exposer les questions les plus graves au rythme d'un indomptable* allegrissimo, *non sans prendre peut-être un malin plaisir d'artiste à oser ce contraste : une pensée soutenue, difficile, dure, dangereuse et un rythme galopant, d'une bonne humeur endiablée* »[1]. Ce serait s'aveugler que de nier le rôle de sa qualité littéraire pour sa fortune à travers les siècles. Mais celle-ci tient autant aux questions et considérations qu'il suscite. Préside à son écriture le constat de l'instabilité historique des institutions florentines et de la faiblesse des cités du *regnum italicum* face à l'invasion d'étrangers, barbares certes, mais puissants. Il y a l'urgence de la guerre et celle de la réforme des cités. Dans ce contexte, Machiavel adopte la posture de l'historien en temps de

---

1. Nietzsche, *Par-delà bien et mal*, I, 28, tr. de C. Heim, Gallimard, Folio essais, 1971, p. 48.

crise, telle que H. Arendt la définit : lorsque les événements présents ont rendu caduque la sagesse héritée du passé et sans pertinence les observations du "sens commun", il devient nécessaire de retrouver la portée politique du jugement[1]. Proposer des catégories et un cadre nouveaux d'analyse pour comprendre ces événements, en rendre compte et déterminer les finalités de l'action ainsi que ses modalités : voilà les tâches qui s'imposent, exceptionnellement difficiles à accomplir, car « *discerner ce à quoi nous sommes habitués de ce qui est vraiment inédit et différent requiert une qualité particulière du jugement* »[2].

Cependant, c'est précisément par rapport à cette qualité particulière du jugement que se définit et se fonde le rôle du conseiller que Machiavel aimerait à l'évidence jouer auprès d'un prince. Le prince, si clairvoyant soit-il, ne peut faire l'économie de cet effort de compréhension et de détermination des conditions de son action. Mais engagé en elle, il ne peut le produire seul. Il n'en a simplement pas le temps. Ce manque de loisir devrait obliger le prince à tendre l'oreille. La surdité des rois dénoncée par Raphaël, le voyageur mis en scène par Th. More dans l'*Utopie*, ne peut avoir cours. Pour Machiavel, le prince doit écouter la parole de celui qui, en retrait de l'action et sans décision à prendre, a le temps d'observer et de discerner. Inversement, il faut dire aussi qu'aux yeux de Machiavel, la valeur de son conseil tient à sa connaissance pratique de l'art de l'État et, de manière générale, à une expérience acquise pendant des années de service pour la Chancellerie florentine. Dans la lettre du 10 décembre 1513 à Francesco Vettori, il déclare en effet

---

1. Elle écrit : « *Si le jugement est la faculté qui — en nous — se préoccupe du passé, l'historien est l'homme qui enquête, et qui, en relatant le passé, le soumet à son jugement.* » Post-scriptum au tome I de *La Vie de l'esprit*, *La Pensée*, in : Hannah Arendt, *Juger — Sur la philosophie politique de Kant*, Seuil, 1991, tr. de M. Revault d'Allones, p. 20. **2.** H. Arendt, citée par R. Benier, « H. Arendt et la faculté de juger », *in* : Hannah Arendt, *Juger — Sur la philosophie politique de Kant*, Seuil, 1991, trad. de M. Revault d'Allones, pp. 157-158.

à propos de l'opuscule : « *quant à cette chose, si on la lisait, on verrait que pendant quinze ans où j'ai fait mon apprentissage dans le métier de l'état, je n'ai ni dormi ni joué ; et chacun devrait avoir envie de se servir de quelqu'un qui, aux dépens d'autrui, est riche d'expérience* »[1]. Cette expérience des événements présents, que complète une lecture approfondie des anciens, est condition du conseil : le bon conseiller est celui dont l'existence mêle indissolublement pratique et loisir.

On comprend aisément, à partir de la réflexion proposée par A. Kojève sur la relation entre philosophe et tyran, combien cette figure mêlée de l'existence du conseiller peut déranger celui qui fait le choix d'une *vita contemplativa* ou, au contraire, motiver celui qui veut participer à la vie de la cité. Distinguant deux conceptions de la vérité, celui-ci souligne en effet leurs implications quant au mode de vie. Si l'être est essentiellement immuable en soi, il ne peut se donner que comme une vérité éternelle et absolue à l'homme, soit à travers la révélation, soit à travers l'effort intellectuel de l'individu : « *S'il en est ainsi, le philosophe peut et doit s'isoler du monde changeant et tumultueux (qui n'est qu'"apparence" pure) et vivre dans un "jardin", tranquille ou, à la rigueur, au sein d'une "République des Lettres", où les disputes intellectuelles sont quand même moins "troublantes" que les luttes politiques du dehors. C'est dans la quiétude de cet isolement, c'est dans le désintéressement total envers ses semblables et toute "société" en général qu'on a le plus de chances d'atteindre la Vérité à la recherche de laquelle on a décidé de consacrer toute sa vie de philosophe absolument égoïste*[2]. » Toutefois, si l'on considère au contraire que l'être se révèle essentiellement dans un devenir historique, il faut au contraire, en matière de politique, fuir la solitude, fréquenter, comme Socrate, les citoyens, voire, participer à la gestion des affaires de la cité. Si Machiavel devait prendre parti, nul doute qu'il se

1. Lettre à F. Vettori, *op. cit.*, p. 533. **2.** A. Kojève, « Tyrannie et sagesse », *in* : L. Strauss, *De la tyrannie*, p. 169.

situerait aux côtés de ceux qui n'envisagent de réfléchir aux affaires de la cité qu'en refusant l'option du retrait complet dans le loisir de la pensée : le temps actif de l'expérience précède ou accompagne le temps oisif de l'écriture.

Toutefois, Machiavel ne recherche pas la vérité de l'être, mais la détermination des conditions de l'action du prince. Cela passe par un discours sur les choses telles qu'elles sont, comme le souligne le chapitre 15 centré sur l'expression de *verità effetuale*. Comment Machiavel met-il en scène cette détermination ? Sans parler de méthode, on peut s'attacher à repérer dans le texte des motifs qui caractérisent sa manière de procéder. Tout d'abord, s'il cherche à conseiller le prince, il n'est pas prisonnier de son point de vue. Afin de mieux servir le désir de celui-ci de conquérir et de se maintenir à la tête d'une cité ou d'une province, il se montre apte à envisager et à décrire les points de vue de tous ceux que le prince rencontre sur son chemin : il ne pourra en effet parvenir à ses fins que s'il comprend ces derniers et les amène à le favoriser, ou du moins, à ne pas lui nuire. Aussi comprend-on que Machiavel, dès la Dédicace, évoque, à travers une comparaison entre son travail et celui du peintre, les lieux d'où observer et connaître au mieux la nature des princes et celle du peuple. Faisant ainsi écho aux travaux sur la perspective menés depuis le milieu du XVe siècle, Machiavel pourrait sur ce point aisément reprendre à son compte la question pascalienne : « *Il faut que je fasse comme les peintres et que je m'éloigne ; mais non pas de trop. De combien donc ? Devinez*[1]. » A cette difficulté de bien se placer ne s'ajoute pas, au moins, celle de rendre compte d'une infinité de points de vue car ceux-ci sont en nombre limité : les ennemis et

---

1. Pascal, *Pensées*, n° 558, Lafuma et n° 114, Brunschvicg.

les alliés, les grands et le peuple[1]. Il ne faut pas, en revanche, espérer adopter un regard surplombant qui les embrasse tous, mais au contraire, accepter de se couler en chacun d'eux et savoir passer de l'un à l'autre : « *L'œuvre est là pour effectuer les passages d'une place et d'un univers de phrases à une autre place et un autre univers de phrases* »[2].

D'autre part, Machiavel ne détermine pas *en général* les conditions de l'action, mais plonge le prince dans de multiples analyses de cas particuliers : les exemples. D'un usage massif dans l'humanisme renaissant, ils acquièrent avec Machiavel un statut original. Première surprise : les exemples ne viennent guère illustrer ou introduire un raisonnement ; c'est dans leur exposition que Machiavel raisonne, juge, estime, soupèse le pour et le contre, contredit, s'interroge et discourt.

Seconde surprise : l'histoire dont ils sont censés, à première vue, rendre compte, est relatée en fonction des fins argumentatives de Machiavel. On peut le constater en revenant à l'*Histoire des empereurs romains de Marc-Aurèle à Gordien III* de Hérodien, source de la description des empereurs romains au chapitre 19. Machiavel infléchit en effet de manière notable le propos de cette source. Il ne reprend pas l'opposition entre empereurs amollis par l'Orient et empereurs barbares et tyranniques mais insiste plutôt sur le problème auxquels tous ont dû faire face : le rôle essentiel des soldats pour leur pouvoir et la nécessité de se les concilier. Afin d'étayer l'idée qu'un prince doit avant tout se préoccuper de n'être pas haï du peuple, Machiavel fait fi de l'ordre chronologique adopté par Hérodien pour distribuer les empereurs en différents groupes afin d'évaluer les causes du succès ou de l'échec. Il s'inspire alors de son œuvre, en l'adaptant, par rajouts et omissions, à son propos. Il reprend ainsi son discours sur les causes de la haine dont Pertinax fait l'ob-

1. Les *Discours* reprennent ce modèle, mais l'*Histoire de Florence* présente une description plus complexe de la cité, et le chap. 19 contribue déjà à en nuancer la portée. 2. G. Sfez, *Le Prince sans qualités*, p. 64.

jet, la complète d'une cause de mépris — la vieillesse — et met de côté l'évocation des discours de Pertinax au Sénat, susceptibles pour leur part de servir l'analyse de la libéralité. On peut fréquemment relever dans *Le Prince* ce remodelage de la source textuelle ou factuelle : la matière historique est redécoupée, voire grimée ; lue ou vécue, elle s'apparente à un texte palimpseste que le penseur politique retravaille sans cesse et comme bon lui semble. Cette liberté de l'écriture est d'ailleurs caractéristique de son œuvre. Elle préside également à la rédaction des *Discours sur la première décade de Tite-Live*, comme le montre A. Matucci à travers l'analyse des deux termes par lesquels Machiavel décrit ce travail : le discours et la *narratio*[1]. Le premier, d'un usage courant dans la première moitié du XVIe siècle, renvoie à l'idée de mouvement de l'esprit, de raisonnement et, s'appliquant à un texte et non à un événement, s'oppose aux habituels *chiosa* (glose) et *comento*. Les *Discours* mêlent, selon A. Matucci, deux propos demeurés jusque là distincts dans l'historiographie florentine : la narration de l'histoire et la réflexion sur l'histoire. Dans le même sens, le terme de *narratio* employé dans la Dédicace des *Discours* renvoie à un style qui éloigne autant du traité politique que de l'histoire : c'est celui du passage à l'*oratio*, selon la signification que Cicéron lui confère dans le *De oratore*, c'est-à-dire du passage à l'argumentation. Cette liberté apparaît également dans le fait qu'un même événement ou personnage est évoqué par Machiavel sous des couleurs diverses, selon l'argument en cours. Il n'est pas certain, dès lors, qu'on puisse critiquer avec pertinence Machiavel à partir des critères d'exactitude des faits et d'usage scientifique des sources, car il utilise volontairement l'exemple de manière libre. En ce sens, ce dernier sert doublement l'argumentation : outre le fait qu'il est le lieu de son élaboration, il se métamorphose, malléable, selon son objet. Ainsi apparaît aux chapitres 3 et 24 Philippe

---

1. A. Matucci, *Machiavelli nella storiografia — Per la storia di une genere letterario*.

de Macédoine : dans le premier, il incarne face aux Romains une figure de l'échec. Jamais il n'est parvenu à être leur ami sans qu'ils l'abaissent ; dans le second, il est loué par Machiavel pour avoir su, malgré la petitesse de son territoire, faire front durablement aux Romains et comme tel, il est montré en exemple aux princes d'Italie, défaits par les armées étrangères.

Troisième et dernière surprise : loin de mettre systématiquement en lumière des actions à imiter, les exemples de Machiavel révèlent souvent, au contraire, les failles et les déroutes. Dans ce cas, ils constituent des contre-exemples à des règles, des coutumes, des conseils dont Machiavel veut récuser ou la pertinence ou l'universelle efficacité. Ainsi, c'est contre le proverbe « *Qui fonde sur le peuple fonde sur la boue* » que Machiavel cite les exemples des Gracques à Rome et de Giorgio Scali à Florence au chapitre 9.

Certes, il y a bien des exemples qui, dans l'analyse des conditions de l'action, montrent la voie : le prince auquel Machiavel s'adresse a des prédécesseurs, des hommes « *très excellents* », dont il peut et doit s'inspirer. Mais s'agit-il, à proprement parler, de reproduire leurs gestes ? A lire F. Guicciardini, ami et interlocuteur de Machiavel sur les affaires de l'état, on pourrait le penser. Il lui reproche en effet de manquer de discernement — *discrezione* —, d'être inattentif aux différences et à la particularité des époques, qui rendent impossibles l'imitation et vaines les prétentions à tirer des leçons de l'histoire[1]. Le propos de Machiavel est en réalité plus complexe et, il est vrai, d'autant plus difficile à éclairer qu'il n'accorde aucune place dans son œuvre à une théorie de l'histoire qui rende compte de cette souhaitable imitation. Il serait faux de dire qu'il stipule une identité des temps anciens et des temps modernes. Bien plutôt, son texte est fait de repérages d'événements qui attestent une rencontre — un *riscontro* — entre ces deux temps, des ressemblances, des

---

1. F. Guicciardini, *Considérations à propos des Discours de Machiavel sur la première décade de Tite-Live,* et ses *Ricordi* ou *Avertissements politiques.*

similitudes. On peut supposer, sans forcer le texte, que ces dernières tiennent à la permanence des passions humaines et à la présence en toute cité des mêmes désirs ou humeurs politiques identifiés au chapitre 9 — que l'on décèle, dans l'affirmation de cette permanence, une pensée anthropologique ou une hypothèse nécessaire à qui veut penser les conditions de conquête et de maintien au pouvoir de l'état. Dans les exemples, cette permanence des passions et humeurs n'invite pas à confondre les cas particuliers en des idéaux-types qui définiraient les modalités de l'action du prince. En revanche, elle permet à l'historien, dans l'exercice de son jugement, de se déplacer librement d'un temps à l'autre et, grâce à ce mouvement, d'exprimer des analogies qui guident l'action, plutôt qu'elles ne la déterminent, en identifiant des bons ou des mauvais choix. Ainsi Machiavel s'attache-t-il, au chapitre 3, à souligner le contraste entre les décisions des Romains, qui les ont conduits au succès dans leurs colonies et les mauvais choix de Louis, roi de France, lors de son invasion du territoire italien. Les deux séries d'exemples décrivant ces bons et mauvais choix sont inscrits dans une comparaison rendue possible par l'identification d'un même but — la conquête d'un pays nouveau — et de conditions semblables — les désirs et passions des hommes, sujets ou alliés, et les raisons de leur attachement à un prince nouveau. Aussi parlerons-nous volontiers, pour écarter l'idée d'une imitation reproductrice, d'une imitation créatrice. Si paradoxale soit cette expression, elle permet de bien saisir comment, aux yeux de Machiavel, un prince, par sa « *virtù* », s'inscrit dans la lignée glorieuse des hommes « *très excellents* » et, en même temps, innove : il s'inspire de l'excellence de leurs gestes mais invente le sien, dans un contexte qui lui est propre et peut même apparaître inédit. Dans cette perspective, la comparaison engagée au chapitre 6 entre l'imitateur et l'archer visant sa cible plus haut que l'endroit où elle est fixée, est importante. A travers elle, Machiavel insiste sur deux causes de l'impossibilité de la reproduction : on ne peut emprunter le même chemin que celui qu'on imite et on ne peut l'égaler. En elles, la distance de l'imité à l'imitateur est clairement indiquée et la voie est ouverte à l'innovation.

L'ensemble des exemples et contre-exemples dont dispose le prince à l'issue de la lecture s'apparente, pourrait-on dire, au viatique que l'on donne au voyageur, qu'il peut consulter pour évaluer la situation présente dans laquelle il doit agir : l'écrivain Machiavel a pris soin, comme il le dit à plusieurs reprises, de réduire — *ridurre, ridurre a memoria* — à un petit nombre d'images et de sentences ce dont le prince doit se souvenir. A travers cette réduction, Machiavel vise l'efficacité du conseil : quelques personnages ou événements frappants serviront mieux de garde-fou au prince que de longs volumes ou même une narration chronologique, abondante et détaillée de son expérience personnelle. La fin de Savonarole rappelle ainsi à tous que les armes sont indispensables à qui veut commander une cité. L'évocation du gonfaloniérat de Soderini permet à Machiavel d'inciter le prince à la défiance envers les hommes et à l'usage du mal, quand il est nécessaire. Du seul point de vue de la prudence antique, le travail de transmission, d'adaptation, de sélection et d'évaluation qu'a opéré Machiavel à travers cette réduction est énorme. En témoigne l'édition de L. Arthur Burd, *Il Principe* (1891), qui s'appuie sur une recollection des sources antiques de Machiavel (de même que celle des *Discours*, *The Discourses*, par L. J. Walker en 1950). A travers ce travail de réduction, Machiavel montre au prince la démarche que doit suivre son esprit et ne divulgue aucune recette : au tour du prince, après la lecture, de discourir, de raisonner, de s'interroger, d'établir des analogies qui mettent en lumière une action possible dans un contexte donné. Certes, nous avons dit que le prince, étant engagé dans l'action, n'a pas de temps à consacrer à cette réflexion. Cela est vrai, relativement au conseiller, mais Machiavel met à profit le loisir de la chasse que s'accordent les princes et recommande qu'ils exercent alors leurs son esprit à l'art de la guerre. Le chapitre 14 constitue en ce sens un tableau de ce que le prince devrait faire lorsqu'il va avec d'autres par la campagne : comme Philopœmen, prince des Achéens, en observant le paysage, il doit concevoir les différentes actions défensives ou offensives possibles et en discuter avec ses compagnons. La connaissance du paysage et ces discussions, souligne Machiavel, lui seront utiles grâce à la ressemblance des espaces : le prince pourra se fonder sur leur acquis lorsqu'il sera plongé dans une véritable bataille.

Cette démarche qu'applique et recommande Machiavel ôte sa pertinence à l'idée que *Le Prince* énonce des règles d'action à valeur générale. Certes, Machiavel lui-même emploie le terme de règle ou encore celui de sentence ; toutefois, l'examen de leurs occurrences révèle que les règles, conçues, comme nous l'avons vu, dans l'analyse de cas particuliers, sont relativisées : après leur énoncé, Machiavel indique une situation possible dans laquelle la règle ne vaut pas ou suggère qu'elle ne vaut que si un certain nombre de conditions sont réunies. A ce propos, nous pouvons, après avoir souligné la nécessité pour le prince d'exercer son esprit à imaginer les situations possibles et l'action adéquate à chacune, effectuer un saut dans le texte jusqu'au chapitre 23. Il contribue en effet à définir le prince que Machiavel appelle de ses vœux : celui-ci est un homme prudent et cette prudence est justement la qualité qui permet à l'homme d'appliquer les règles avec discernement, de les moduler selon la situation, voire d'en créer de nouvelles, par comparaison ou transfert analogique au contexte présent d'une situation vécue. Comme le médecin, auquel il est, nous y reviendrons, souvent apparenté, le prince doit formuler un diagnostic et déterminer la médecine à employer à chaque fois de manière particulière.

S'il n'est donc pas question de règles générales d'action, en quoi, pouvons-nous demander, consiste le conseil au prince qui fait la matière du texte ? Nous dirons que Machiavel souhaite imprimer dans l'esprit du prince des soucis qui doivent l'absorber et le préoccuper. Ce dernier ne doit pas, tout d'abord, être dépendant de forces qui pourraient lui nuire ; au contraire, il doit constituer des forces propres et ne compter que sur elles. La figure de César Borgia incarne au plus haut point, au chapitre 7, le souci de cette indépendance à l'égard de forces nuisibles. Parti d'une position de dépendance à l'égard des armes d'autrui, il s'en défait progressivement, en les anéantissant ou en cultivant des alliances qui les empêchent de lui porter atteinte et dans le même temps, s'attache le peuple conquis. Même si elles n'excluent pas d'autres éléments, les forces prioritairement évoquées dans *Le Prince* sont celles qui assurent la puissance militaire. Cela implique beaucoup de choses : il en découle le rejet des armées mercenaires qui combattent pour la cité en vertu du salaire qu'elle leur donne, et non par amour de la patrie qui, seul, inspire le courage aux soldats. A l'heure où Machiavel écrit *Le Prince*, l'actualité de cette critique est double : Florence, comme d'autres cités italiennes, est soumise à l'invasion étrangère et sa faiblesse militaire ne lui permet pas d'y résister ; d'autre part, l'emploi de soldats mercenaires est devenu pratique courante. Il ne s'oppose pas seulement à l'emploi de ces mercenaires, mais aussi aux alliances militaires, qui obligent à partager la victoire avec d'autres qui sont toujours susceptibles de vouloir prendre le dessus. Sa critique, que les *Discours* reprendront à travers le motif « *l'argent n'est pas le nerf de la guerre* » (II, 10), et le conseil de mettre sur pied une armée propre — une milice composée par les membres de la cité — sont énoncés très tôt dans ses écrits. Si Bruni avant lui, Gianotti après lui développeront de semblables idées, la vigueur et la clarté de son expression en font néanmoins le défenseur le plus convaincu de la nécessité d'une armée propre.

Surtout, son propos conserve une originalité dans le concert des critiques, en ce qu'il noue le projet d'une armée propre à une analyse de la manière qu'a le prince de se lier aux grands et au peuple. La distinction entre une politique intérieure et une politique extérieure est ici dénuée de sens. Un prince haï de ses sujets est un prince faible du point de vue militaire : ses sujets se montreront d'autant plus favorables au changement apporté par la conquête d'un autre prince ou d'une république qu'ils nourriront de la haine à son égard ; ils se montreront pour le moins réticents à le défendre contre eux. Cette considération vaut pour le peuple, qui, par son grand nombre, est la composante essentielle d'une armée propre. Aussi, dans l'examen de l'émergence de la principauté civile (chapitre 9) — qui survient lorsqu'un homme de la cité devient prince grâce à l'appui ou des grands ou du peuple —, Machiavel insiste sur la nécessité de s'attirer l'amitié du peuple : la conserver si c'est le peuple qui l'a porté au pouvoir, l'acquérir si ce sont les grands. Mais le prince ne peut négliger les grands, pour des raisons différentes : à leur égard, ce qui prévaut n'est évidemment pas leur nombre, mais le fait qu'ils voient plus loin et sont plus rusés que le peuple.

La nature des relations que le prince peut entretenir avec les grands et le peuple doit être définie de manière plus approfondie que ne le permet cette réflexion sur la nécessité d'une armée propre. En toute cité, Machiavel dit au chapitre 9 qu'il y a deux désirs : pour les grands, il s'agit de commander, de dominer, d'opprimer et pour le peuple, de n'être pas commandé, dominé ou opprimé, voire de détenir une part du pouvoir. Ces désirs sont cependant variables selon l'histoire de la cité. On peut ainsi envisager, pour clarifier cet aspect, deux pôles opposés, dont l'un est constitué par une cité dont les membres sont accoutumés à la liberté. Dans ce cas, le peuple désire la liberté et revendique une part du pouvoir de délibération et de décision. L'histoire de la république romaine dans les temps antiques et Florence dans les temps modernes illustrent ce cas de figure. L'autre cas est celui d'une cité régie depuis toujours par un monarque. Le désir de liberté est inexistant et le peuple désire ne pas être opprimé sans prétendre à une part du pouvoir pour lui-même, tandis que le désir d'opprimer des grands est extrêmement puissant. Entre ces deux pôles, on peut imaginer toutes les configurations possibles.

Il est essentiel de prêter attention au fait que, pour désigner ces rapports des grands et du peuple au fait de dominer ou de ne l'être pas, Machiavel emploie, outre les termes de désir et d'appétit, celui d'humeur — « *umore* » — qui nous renvoie directement à une terminologie médicale issue du corpus hippocratique, en vigueur à l'époque et couramment utilisée dans les discours sur la cité. La comparaison de l'usage machiavélien de ce terme avec ceux, par exemple, de Savonarole ou F. Guicciardini, met néanmoins en lumière la spécificité du premier : il est beaucoup plus systématique que celui de ses contemporains et le terme « humeur » occupe une place centrale dans la pensée machiavélienne du devenir de la cité et de l'action du prince. Il n'apparaît pas dans les écrits politiques du temps de la Chancellerie, mais est en revanche présent dans *Le Prince*, les *Discours* et *l'Histoire de Florence*. Si ces désirs renvoient à des catégories de citoyens — les grands et le peuple dans notre texte —, ils n'en sont pas des synonymes ou des équivalents. Ces catégories sont évoquées lorsque Machiavel aborde la question de la répartition des charges dans la cité, tandis que les désirs ou humeurs apparaissent dans les analyses du changement ou de la réforme des institutions, voire du régime. S'alimentant l'une l'autre, sans limite définie, ces humeurs, dans leur confrontation, sont la source d'une dynamique historique infinie. L'emploi de ce terme médical d'humeur rend d'autant plus évident au lecteur que la cité est, pour Machiavel, le lieu d'un mélange pour lequel il faut trouver la bonne composition : de même que les humeurs du corps humain se combinent de manière à produire la santé ou la maladie, selon la proportion de chacune d'entre elles, de même, les désirs des grands et du peuple se combinent en un rapport plus ou moins heureux pour le devenir de la cité. De la désunion sanglante à la coexistence pacifique, là encore, toute une gamme de rapports et de mélanges entre désir des grands et désir du peuple est concevable.

Lorsqu'un prince, par hérédité ou conquête, commande une cité, il se trouve donc confronté à la question de la composition des humeurs tant parce qu'il a besoin, du point de vue militaire, de l'amitié du peuple que pour éviter un conflit civil ou un complot contre lui. Or, il peut exercer une certaine influence sur ces humeurs. Il est vain pour lui de vouloir réconcilier les grands et le peuple. Leurs désirs respectifs — par définition antagonistes — rend cette ambition absurde. En revanche, il peut favoriser une composition qui ne mette en danger ni la cité ni son maintien au pouvoir. Bien entendu, dans la mesure où les désirs demeurent toujours vifs, l'action du prince doit être à leur égard permanente. Il ne peut prétendre découvrir le principe d'une composition qui, en quelque sorte, règle la question une fois pour toutes. A cela s'ajoute une autre difficulté : chaque contexte requiert une action et des manières qui lui sont propres. Entre le recours aux armes, l'exil, l'assassinat et la création d'une loi qui permette aux grands et au peuple d'assouvir — « *sfogare* » — leurs appétits ou d'une institution qui règle les conflits spécifiques entre grands et peuple — comme le parlement dans le royaume de France (chapitre 19), le prince doit savoir choisir les moyens les plus appropriés à sa situation et à l'histoire de la cité. L'adresse requise dans cette action permanente est extrême car le prince doit donner aux grands le sentiments qu'ils détiennent un pouvoir de commander correspondant à leurs prétentions et à la conception qu'ils se font de leur rang, tout en faisant en sorte que le peuple ne se sente pas opprimé par eux. Cela ressemble à la quadrature du cercle et pourtant, il est faux de dire que Machiavel n'envisage pas un rapport viable des humeurs, au moins pendant un certain temps. En témoigne la mention du royaume de France au chapitre 19, qui suit immédiatement l'énoncé de la composition à mettre en place — ne pas désespérer les grands, qui, sinon, comploteront contre le prince et satisfaire le peuple dans son désir de ne pas être opprimé, sans quoi il ne le défendra pas lorsqu'il sera attaqué par les grands ou des ennemis extérieurs.

Lorsqu'on se tourne vers l'examen des effets sur la réputation du prince de cette action qui régule les humeurs, on observe que Machiavel la décrit en termes de passions. Cela nous renvoie à l'essentielle dimension affective de son analyse — affective au sens où ce sont ces passions qui apparaissent rendre compte de la fragilité ou de la sûreté du pouvoir du prince. Machiavel écarte l'idée d'un fondement transcendant. Il délaisse aussi l'idée d'un prince dont le pouvoir reposerait sur le fait qu'il agit en vue du bien du peuple — poursuivre le bien commun et ne pas désespérer les grands, tout en satisfaisant le peuple, sont deux choses bien différentes. Amitié, amour, haine, admiration, estime, mépris, crainte sont les mots à travers lesquels Machiavel appréhende la puissance d'un prince, au-delà des ressources matérielles dont il dispose, dans les chapitres consacrés à la réputation et sa critique des forteresses (15 à 21). Prince nouveau et prince par hérédité sont d'ailleurs à égalité à ce propos. Certes, le chapitre 2 semble suggérer que la tâche du second est plus facile, mais le chapitre 24 vient contredire cette affirmation : d'abord parce que de hauts faits donnent au prince nouveau une grande réputation et qu'il peut se donner les apparences d'un prince ancien, ensuite parce qu'un prince paresseux et peu clairvoyant perd ses possessions, si établi soit-il, comme le montrent les défaites des princes d'Italie. Contre la haine du peuple et des grands, il faut rechercher l'amitié. Telle est la recommandation que fait Machiavel au niveau le plus général. Mais il est nécessaire d'analyser la relation du prince aux grands et au peuple de manière plus spécifique. Ainsi, à trop rechercher l'amour par de généreuses et pitoyables actions, le prince se nuit : la crainte crée une obligation plus forte en cas d'adversité que l'amour. Aussi doit-il plutôt cultiver un sentiment de crainte dans ses sujets, mais de telle sorte qu'elle ne s'accompagne pas de haine. Le chapitre 17 se conclut ainsi sur la définition de la combinaison de passions la plus susceptible de favoriser le maintien au pouvoir du prince : la crainte sans haine.

Autant qu'une manière d'organiser l'armée et de s'attacher les grands et le peuple, *Le Prince* suggère un regard fondé sur le refus de la résignation, du fatalisme, de la paresse et invite à s'engager dans l'action. Cette invitation se fait sur un double mode. Le premier est la dénonciation des effets de la résignation ou de la paresse. Le chapitre 24, qui amorce, sur un ton encore analytique, mais déjà passionné, l'appel à libérer l'Italie des barbares, diagnostique d'un mot les causes des défaites militaires : la paresse. D'autre part, l'invitation se présente comme une décision qui n'a d'autre motivation qu'un refus d'admettre la toute-puissance de la fortune : au chapitre 25, Machiavel opte pour une répartition à peu près égale entre l'homme et la fortune de la maîtrise du cours des choses, contre l'opinion qui l'attribue tout entière à celle-ci. Agir a donc un sens et cela d'autant plus que tout le propos de Machiavel s'inscrit dans un temps qui n'est régi par aucun plan de la Providence. Ainsi, le chapitre 11 évoque les principats ecclésiastiques. Machiavel déclare qu'ils se perpétuent, quels que soient la manière dont ils sont gouvernés ainsi que les mœurs du prince : ce surprenant état de fait, poursuit-il, tient à ce qu'ils sont élevés et maintenus par Dieu. Conçus dans ce rapport à un fondement transcendant du pouvoir, les principats ecclésiastiques n'intéressent pas Machiavel : il dit renoncer à en parler. Or, le chapitre ne se clôt pas sur ce renoncement, d'ailleurs non dénué d'ironie. Le propos de Machiavel rebondit sur l'émergence de l'Église comme pouvoir « *dans le temporel* » et débouche sur une narration saisissante des actions d'Alexandre VI et de Jules. C'est dans cette dimension temporelle que Machiavel situe ses analyses en termes de forces et de confrontations et décrit les conditions d'action du prince : Alexandre VI et Jules ont créé une Église puissante à coups d'épées, de ruses et d'alliances temporaires, et non grâce à un fondement transcendant. Il n'en va pas autrement pour le prince, destinataire explicite de l'œuvre.

Remarquons par ailleurs que ce « *temporel* » ne se définit pas seulement contre un temps régi par la Providence divine, mais aussi contre une pensée astrologique répandue à l'époque de Machiavel. Même si la discussion des éléments d'une pensée astrologique dans sa réflexion est plus explicitement suscitée par les *Discours* que par *Le Prince*, il nous semble ici important de l'aborder car elle contribue aussi à éclairer les conditions de l'action du prince, et en général, de tout homme. Que Machiavel ait pu avoir des convictions astrologiques, plusieurs propos semblent en témoigner dans le commentaire de l'*Histoire romaine* de Tite-Live. Néanmoins, il est important de distinguer un courant déterministe, dont Machiavel ne fait pas partie, d'un courant qui reconnaît l'influence des astres sur le monde sublunaire sans leur accorder un rôle de cause absolue, auquel on peut plus aisément le rattacher : il s'agit de l'astrologie naturelle qui voit dans les mouvements des astres une cause générale, mais non particulière des événements terrestres. Tout en rappelant cette influence dans le Proemio des *Discours*, I, qui est condition et non détermination de l'action humaine, il constate simplement au chapitre I, 56, l'existence factuelle de signes célestes, annonciateurs d'événements terrestres, signes que les hommes ne savent d'ailleurs pas toujours interpréter. Ainsi, « *le temporel* » est un temps dans lequel l'action humaine n'est jamais vaine, à défaut d'être toujours efficace : il y a des bons et des mauvais choix et des menées lâches et paresseuses ou, au contraire, énergiques et valeureuses.

Toutefois, si Machiavel invite à l'action, ouvre en quelque sorte au prince le champ des possibles, il leste également celle-ci de limites. Tout d'abord, l'action de ce dernier ne peut être pensée que compte tenu de son contexte. Celui-ci est contraignant au sens où le prince, loin de pouvoir agir selon sa fantaisie, doit déterminer les modalités de son action en fonction de lui. De là, la récurrence des verbes « *devoir* », « *avoir à* », des tournures impersonnelles « *il est nécessaire* », « *il faut* » et des structures passives « *il fut obligé* », « *il fut contraint* », ou encore « *il fut dans la nécessité <fu necessitato>* ». Au-delà de la particularité de chaque contexte, apparaît la nécessité de ne jamais penser dans les termes de la paix, mais dans ceux de la guerre. M. Senellart l'a bien dit : « *Sans doute ne refuse-t-il pas la paix. Mais il dénonce l'*amour *de la paix, qui engendre l'illusion du repos et conduit à l'oubli de la guerre*[1]. » En effet, à penser dans les termes de la paix, le prince module ses relations avec ses sujets de telle sorte qu'il ne pourra compter sur eux en temps de guerre. Ainsi, en temps de paix, le prince peut oublier qu'il ne doit pas provoquer la haine de ses sujets. C'est un tort : s'il les spolie, les impose trop lourdement ou prend leurs femmes, ceux-ci le trahiront la première occasion venue, c'est-à-dire dès qu'il fera l'objet d'un complot ou d'une attaque ennemie. Les bienfaits de dernière minute ne viendront pas compenser le traitement qu'ils ont reçu quand le prince n'avait pas besoin d'eux. Enfin, Machiavel envisage pour le prince une nécessité particulière, celle de « faire avec » son caractère, qui n'est pas toujours en accord avec les circonstances auxquelles il doit faire face. Ainsi, lit-on au chapitre 19 que Marc et Pertinax ont partagé, avec Alexandre, la modestie, l'amour de la justice, la bienveillance et l'humanité. Or, Marc a connu une vie et une fin heureuse parce que, admiré pour ses nombreuses vertus, il a hérité de l'empire et n'en était donc redevable ni au peuple, ni aux soldats tandis que Pertinax fut malheureux car il fut fait empereur contre la volonté des soldats accoutumés à une vie licencieuse depuis Commode et fut méprisé à cause de son âge. A travers cette comparaison, Machiavel indique qu'une des conditions du succès pour un prince est de se comporter d'une manière adaptée à son contexte d'action. Quoiqu'il conçoive une certaine capacité d'adaptation, Machiavel reconnaît que certains princes sont nés dans des temps où ils n'étaient pas faits pour rencontrer le succès.

Refus de la résignation, reconnaissance de limites insurmontables : à ces aspects, il faut en ajouter un troisième pour compléter la définition du regard machiavé-

---

1. M. Senellart, *Machiavélisme et raison d'État,* p. 43.

lien sur les conditions de l'action. L'ancien secrétaire de Chancellerie invite également le prince à se montrer sensible à la variation des temps et à se montrer prévoyant, comme le bon médecin dont le diagnostic prévient la maladie, alors même qu'aucun signe visible ne l'annonce encore. Sans cesse dans *Le Prince*, le rappel est fait d'un possible bouleversement, qu'il provienne d'une attaque ennemie ou d'une insatisfaction des grands ou du peuple. L'opposition entre temps paisibles et temps adverses est au centre de ce propos : non seulement le prince ne doit pas négliger de se préparer à l'adversité à venir — l'image de la construction des digues contre les débordements d'un fleuve impétueux au chapitre 25 en témoigne —, mais il doit aussi adapter son action à la nature des temps. Or, cela ne requiert pas seulement de ne jamais penser dans les termes de la paix, comme nous l'avons déjà dit. Cela exige aussi de mal agir quand il le faut. « *Savoir entrer dans le mal* », tel est sans doute, aux yeux de Machiavel, un des aspects les plus difficiles du métier de prince et néanmoins déterminant, comme le montre l'exemple d'Agathocle de Sicile qui, parce qu'il sut faire preuve de cruauté au début de son règne, put demeurer, en l'absence de controverse civile, roi de Syracuse sans commettre d'autres actes d'inhumanité par la suite (chapitre 8)[1].

Entrer dans le mal, en sortir, temporiser ou réagir immédiatement, mais aussi user de la loi ou de la force pour combattre, et enfin, la force étant un attribut de l'animal, user de la puissance physique comme le lion ou de la ruse comme le renard (chapitre 18) : à travers ces alternatives, Machiavel dépeint le prince d'une main tremblante, comme celle de l'artiste de Dante, oscillant irrémédiablement entre humanité et inhumanité, bienveillance et cruauté, et à ce titre fait le portrait d'une figure scandaleuse pour le penseur d'une politique morale[2]. Ce faisant, il appréhende également la relation du prince à la

1. Consulter à ce propos G. Sfez, *Machiavel, la politique du moindre mal*. 2. Dante, *La Divine Comédie*, Paradis, XIII, v. 78, Le Livre de Poche, La Pochothèque, 1996, p. 937.

fortune, hésitant entre sa personnification — la fortune étant alors un être qui soumet l'homme à ses fantaisies ou la roue qui entraîne l'homme dans son mouvement — et une conception « négative » — la fortune désignant dans ce cas ce qui survient lorsque l'homme ne fait pas usage de ses propres forces, se résigne ou se complaît dans l'oisiveté. La fortune exige du prince qu'il fasse front ; elle est, en même temps ce à quoi il doit savoir se résoudre.

Machiavel ne plonge pas seulement le regard du prince « *dans le temporel* », il l'invite aussi à envisager les affaires de son état, de la conquête au maintien, dans le champ des apparences, mais aussi contre elles. Les commentateurs du *Prince* ont a juste titre insisté, à partir des chapitres 15 à 21, sur l'incitation faite au prince de cultiver une certaine image de lui-même, en dépit de son caractère. Avant de l'examiner, il nous semble essentiel de souligner la recommandation qui lui est également adressée de dépasser les apparences. Selon une certaine vulgate, *Le Prince* enseigne avant tout à un prince comment tromper les hommes en leur donnant à voir une image qui les impressionne, les séduise et les attache afin qu'il en tire parti à des fins personnelles. Mais il ne faut pas oublier ce passage du chapitre 17 où Machiavel brosse, pour le prince, un portrait saisissant des hommes : « *Parce que des hommes, on peut généralement dire ceci, qu'ils sont ingrats, inconstants, simulateurs, et dissimulateurs, fuyards devant les périls, avides de gains ; et tandis que tu fais leur bien, ils sont tout à toi, ils t'offrent le sang, les biens, la vie et les fils, comme j'ai dit ci-dessus, quand le besoin est éloigné ; mais quand il s'approche de toi, ils se détournent.* » Au milieu des hommes, le prince est donc aussi en danger — ce qu'il faudrait rappeler plus souvent — et la menace ne peut être écartée que si le prince sait aussi passer derrière l'image-écran que les hommes lui donnent à voir. Machiavel rend compte de la qualité requise à cette fin à travers trois métaphores, toutes fondées sur les sens : d'une part, il joue sur la distinction entre deux « voir » — l'un qui se contente de l'image-écran, l'autre qui voit plus loin et mieux, comme les grands, ou encore par avance, comme le bon médecin ; d'autre part, selon une structure semblable, il oppose celui qui sait reconnaître le venin derrière une odeur agréable à celui qui ne sent que celle-ci ; enfin, il utilise la différence entre deux sens, le voir et le toucher : ceux qui savent toucher passent derrière l'image-écran qui dissimule à ceux qui seulement voient ce qui est véritablement.

Si le prince est en danger, en retour, ses sujets sont trompés par lui lorsque, de la même façon, il leur oppose une image-écran. Elle lui est nécessaire pour conquérir et se maintenir. En effet, ce sont deux tâches qui ne peuvent être accomplies que si les hommes s'attachent à lui. Or, cet attachement repose sur la manifestation de certaines qualités auxquelles les hommes sont sensibles : elle fait la réputation du prince. L'efficacité de cette image est garantie par le fait que peu d'hommes savent « *toucher* » : s'ils sont tous simulateurs et dissimulateurs, ils sont en revanche un petit nombre à bien voir. Comme le prince ne peut avoir toutes les qualités requises pour fonder une réputation assurant la conquête, puis le maintien, il lui faut oublier ce qu'il est, pour cultiver de lui-même une image en vue d'atteindre cette réputation. Il ne faut pas comprendre ce travail sur l'apparence, seulement à partir de l'idée d'image-écran ; en effet, Machiavel invite le prince à penser son action en vue de la manifestation de telle ou telle qualité, sans tenir compte de ce qu'elle pourrait dissimuler. Il inscrit donc l'action du prince dans un champ des apparences au sens optique du terme : le champ étant le secteur dont tous les points sont vus, le prince ne doit avoir en vue que les apparences qui font naître sa réputation.

La détermination de la réputation appropriée à la conquête et au maintien est un des aspects qui mettent le plus en évidence le caractère polémique du *Prince*. En effet, Machiavel se débarrasse rapidement, au chapitre 15, de l'opposition entre bonnes et mauvaises qualités, entendues au sens de l'éthique cicéronienne, chrétienne ou humaniste pour les envisager exclusivement du point de vue de leur contribution à la conquête et au maintien. Ce faisant, il introduit la considération essentielle de la durée. Ainsi est-il parfois souhaitable de cultiver une mauvaise réputation de parcimonie, en ce qu'elle est une meilleure garantie de maintien, qu'une réputation de libéralité — la dépense continue et faite sans discernement diminue les ressources et contraint à imposer de manière excessive les sujets en cas de guerre, une fois les coffres vides. Au contraire, la parcimonie contribue à accroître les richesses du principat et permet d'éviter la haine des sujets engendrée par cette trop lourde imposition. Mais, inversement, il ne faut pas accepter tous les mauvais renoms possibles : ainsi, être considéré comme un prince de peu de religion est nuisible (chapitre 18). Entre renoms issus de qualités jugées bonnes en elles-mêmes et de qualités jugées mauvaises, il faut là encore savoir, avec prudence, choisir, doser et varier selon les circonstances. Enfin, il faut tenir compte qu'une réputation favorable à la conquête et au maintien ne se construit pas seulement dans la durée. Elle s'appuie aussi sur des hauts faits et des exemples ponctuels : ces derniers permettent à un prince de tenir son rang, de provoquer l'admiration des hommes et ce faisant, comme Machiavel le suggère au chapitre 24, de transcender les effets de l'établissement ancien dans un état. Le point de vue du champ des apparences nous est ici précieux car il nous permet de comprendre comment un prince, par une action valeureuse, conquiert une réputation de puissance, de courage et de fermeté qui a le même effet que cet établissement ancien sur les sujets.

Installer le prince « *dans le temporel* », l'inviter à ne compter que sur ses propres forces et sur celles de son état, lui montrer le cours des choses à travers le filtre des apparences, tout en lui apprenant à se méfier des images-écrans : à quelles fins Machiavel prend-il pour sa part la peine de coucher sur le papier sa réflexion, fruit de son expérience et de ses lectures ? C'est qu'à ses yeux, au-delà du désir de retrouver une charge, cette œuvre est rendue nécessaire par l'état de l'Italie : celle-ci a besoin d'un prince, indique sans ambiguïté le chapitre final, d'un prince qui sache la soigner de ses blessures et bâtir un état aux fondations sûres, autrement dit d'un prince à la fois médecin et architecte. A trop définir le prince dépeint par Machiavel par ce qu'il n'est pas — un prince vertueux au sens moral du terme, un lieutenant de Dieu sur terre, etc. —, on oublie qu'il faut aussi l'envisager positivement, notamment à partir de sa « *virtù* » (voir, à son propos, la Note sur la présente édition), mais aussi à travers le réseau dense de métaphores et de comparaisons qui l'apparente à un médecin qui prévient la maladie ou la guérit, mais aussi à un architecte et bâtisseur. Le fondateur d'un état — qu'il le crée ou qu'il en prenne le commandement à un moment où celui-ci est en ruine — est par excellence l'objet des louanges machiavéliennes. Elles sont particulièrement explicites dans le texte de 1520, *Discours sur les choses de Florence après la mort de Laurent de Médicis le jeune* : « *Je crois que le plus grand honneur que peuvent obtenir les hommes est celui que leur patrie leur confère de son plein gré : je crois que le plus grand bien que l'on puisse faire, et le plus agréable à Dieu, est celui que l'on fait à sa patrie. En outre, aucun homme n'est autant célébré, quoi qu'il fasse, que ceux qui ont réformé par des lois et des institutions les républiques et les royaumes*[1]. » Sans prétendre que ce texte éclaire a posteriori l'intention de Machiavel dans *Le Prince*, on peut néanmoins souligner qu'au chapitre 26, il appelle de ses vœux un tel réformateur.

Cette perspective permet de répondre à deux questions d'exégèse. La première est celle du statut du *Prince* par rapport aux *Discours*. Il faut réaffirmer que Machiavel n'a pas une double personnalité politique, à la Mister Jekyll and Mister Hyde. Son écrit sur le principat et les *Discours* s'articulent à une même question, celle du devenir de la cité florentine et les moyens de sa réforme civile et militaire dans un contexte de plus en plus troublé par

1. Machiavel, *Œuvres*, p. 89.

les invasions ennemies, les dissensions civiles et la corruption des citoyens. Un détour par le chapitre I, 18 des *Discours* peut ici s'avérer utile. Dans ce chapitre, Machiavel mène ce qu'on peut appeler une expérience de pensée politique : il s'interroge sur les moyens pour une cité de retrouver sa liberté ou de l'instituer selon qu'elle est plus ou moins corrompue. Or, dans une situation de corruption extrême, une cité, même républicaine, doit souhaiter qu'apparaisse un individu énergique et capable de violence qui en devienne le prince afin qu'il ordonne de nouveau la cité et l'assainisse des causes de sa corruption. A partir de ce chapitre, on peut émettre l'hypothèse que Machiavel dédouble la question du maintien de la cité : il est républicain tant qu'il est possible de sauvegarder la forme libre de gouvernement, mais lorsque le cours tourmenté des choses rend cela impossible, il envisage alors la sauvegarde de la cité. Dans le premier cas, les deux sens de la « *libertà* » — indépendance par rapport à une source d'autorité et de pouvoir extérieure à la cité, forme républicaine du gouvernement — sont solidaires ; dans le second, ils sont dissociés : il faut sauver ce qui peut l'être, c'est-à-dire, à défaut d'une forme de gouvernement, l'indépendance de la cité. Avec *Le Prince*, on se situe d'emblée dans le second cas de figure et il n'est plus temps de regretter la république, quoiqu'on puisse sérieusement douter qu'un prince accepte, après avoir sauvé la cité, de s'effacer. Certes, il est moins question de corruption des citoyens et de dissensions civiles que d'invasions et de défaites ; néanmoins, la situation d'infortune de l'Italie, qui résulte aussi de cette corruption et de la désunion, requiert le même traitement : l'intervention d'un seul homme, le prince. Machiavel estime en effet qu'un homme seul, pour autant qu'il soit énergique, courageux, violent, clairvoyant et prudent, est plus à même de mener à bien une entreprise de fondation ou de refondation que plusieurs[1]. Ainsi voit-on que, loin de s'opposer, *Le Prince* et les *Discours*, se complètent dans

---

1. Cf. *Discours*, I, 9, 18, 33 et 34.

une réflexion sur les conditions et les modalités d'une réforme des cités et de leurs formes de gouvernement.

La mise en lumière de cette finalité de l'action du prince permet aussi d'insister sur le désir de convaincre de Machiavel dans *Le Prince*. De là à voir en ce texte une composition rhétorique fondée sur le *De inventione* de Cicéron et le traité anonyme qui lui est attribué, la *Rhetorica ad Herennium*, et les œuvres de Quintilien, comme le fait M. Viroli, il y a un pas que nous ne franchirons pas [1]. On peut sans doute reconnaître avec lui certaines figures de l'éloquence romaine — ainsi l'*exordium* dans la Dédicace à Laurent de Médicis, l'*exhortatio* dans le chapitre final — mais non, dans la succession des chapitres, une structure rhétorique traditionnelle. A la recherche d'une structure de l'œuvre, on constate d'ailleurs que le traitement annoncé ne se poursuit pas après le chapitre 11 et ensuite que le texte se compose de « blocs » relativement indépendants les uns des autres. Ils sont à la fois liés entre eux par des rappels ou par un même sujet abordé de différents points de vue et lisibles comme des « *îlots autonomes* [2] » :

1-11 : l'examen des différentes espèces de principat

12-14 : l'argumentation en faveur de l'armée propre et l'art militaire requis pour le prince

15-23 : l'analyse des qualités que le prince doit manifester pour acquérir une réputation favorable à la conquête et au maintien à la tête de l'état

24 : chapitre charnière, diagnostic de la situation italienne à la lumière des analyses qui précèdent

25 : analyse du rôle de la fortune dans le cours des choses et de ce que peut la vertu

26 : l'appel à libérer l'Italie

Surtout, il nous semble que l'attention à ce désir de convaincre révèle plus sur le caractère du texte que sur sa structure interne : *Le Prince* est, comme l'a dit L. Strauss, un « *texte de combat* » [3]. Certes, l'écrivain

---

1. M. Viroli, *Machiavelli*, chap. 3, « The Power of Words », Oxford University Press, 1998. **2.** Cette expression est empruntée à J.-L. Fournel et J.-C. Zancarini, *op. cit.*, p. 603. **3.** L. Strauss, *Pensées sur Machiavel*, p. 89.

Machiavel ne se trouve pas dans la même position que le capitaine orateur décrit par Fabrizio Colonna au livre IV de l'*Art de la guerre* : il ne s'adresse pas à une foule de soldats pour les persuader d'aller à la bataille ou enflammer leur courage ; mais il n'en est pas non plus si éloigné. Sa tâche est également de persuader un prince de guerroyer et de lui insuffler l'ardeur de combattre. Le chapitre 26 s'adresse de manière explicite aux chefs et non à la « *matière* » de l'Italie : ce sont eux qui manquent à l'appel et non elle à qui fait défaut le courage. Que l'appel à libérer l'Italie soit traité dans un chapitre spécifique ne doit pas cependant nous faire dissocier le ton militant de l'analyse des conditions de l'action : au contraire, c'est en se fondant sur cette analyse que Machiavel peut lancer son appel. Il est de ce point de vue remarquable qu'elle ait un caractère polémique : si son examen rebondit parfois après une objection ou une question — *si on me disait, si on me demandait, si on m'avançait, je répondrai,* etc. —, cela tient au fait que Machiavel partage avec des historiens, des chroniqueurs, des acteurs politiques retirés, de riches marchands soucieux du devenir de leur cité, voire des religieux comme Savonarole, la même préoccupation — comprendre les événements qui surviennent en Italie depuis 1494, dévoiler les causes des défaites, montrer la voie pour sortir de la crise civile et militaire— sans s'accorder avec eux sur la manière d'en rendre compte ni sur la formulation d'un projet de réforme ou de refondation.

Depuis 1527, date de sa mort, Machiavel a, à son insu, participé à bien d'autres débats et nourri de nombreux questionnements (Voir Annexe 2 : *Le Prince*, livre du peuple ou livre du tyran ? Machiavel républicain, machiavélisme et anti-machiavélisme, p. 171). Concentrons-nous ici sur les usages contemporains que philosophes, historiens des idées, théoriciens de la politique — quel que soit le nom qu'ils se donnent — font de ses analyses et « caprices » (l'expression « *Ghiribizzi* » est employée par Machiavel pour intituler une lettre qu'il écrivit à Soderini en 1506). Il faut tout d'abord souligner la remise en cause de l'un de ses usages : contrairement à ce que la thèse de l'historien allemand F. Meinecke, l'*Idée de la raison d'État dans l'Histoire des Temps modernes,* invite à penser, Machiavel ne peut être invoqué comme l'inventeur et le penseur majeur de la raison d'État. Cette relativisation ne tient pas seulement, ni même essentiellement, au fait qu'on ne trouve pas dans son œuvre l'expression de *ratio status*, pourtant présente sous la plume de juristes et de théologiens dès le XIIe siècle. En réalité, s'il est cité par les auteurs qui, à partir de la fin du XVIe siècle, s'attachent à définir la raison d'État, c'est à titre d'adversaire : au nom de considérations morales, mais surtout parce qu'ils ont en vue le gouvernement des ressources humaines et matérielles. Un nouvel objet de pensée émerge, qui conduit à ne plus centrer la réflexion sur la guerre, associée au Florentin. Certes, il incarne au début du XVIIe siècle la mauvaise raison d'État, destinée à servir l'intérêt personnel au détriment du bien public, contre laquelle il faut privilégier la bonne raison d'État, conforme à la morale chrétienne. Mais, selon M. Senellart, il faut voir dans cette opposition la formulation d'une alternative : pour affermir la puissance étatique, on peut opter pour la conquête ou la stabilité et la conservation. Dès lors que les secondes deviennent les impératifs majeurs des États, l'idée d'une politique de puissance impériale, également associée à Machiavel, est négligée. M. Senellart a parallèlement établi la genèse de la notion d'art de gouverner dans l'Occident chrétien. Dans cette genèse, Machiavel est seulement une figure parmi d'autres, inscrite dans une période de transition, « *entre l'ancienne doctrine des Pères, où la fonction gouvernementale déterminait les limites du pouvoir, et la théorie élaborée au* XVIIe *siècle, où elle sera subordonnée à l'institution du pouvoir souverain* »[1].

Si Machiavel n'occupe plus la même place dans la réflexion sur la raison d'État, il est en revanche très pré-

1. M. Senellart, *Les Arts de gouverner*, p. 41.

sent dans d'autres champs de la pensée politique. Mais c'est sans doute d'abord comme auteur des *Discours sur la première décade de Tite-Live*. Ce privilège a deux implications : de manière évidente, *Le Prince* cède le pas au libre commentaire de l'*Histoire romaine* de Tite-Live ; d'autre part, c'est la plupart du temps à un Machiavel « tronqué » que nous avons affaire, c'est-à-dire à un Machiavel républicain dont on tend à oublier qu'il est aussi l'auteur du *Prince*. Ainsi apparaît-il dans les controverses, initialement anglo-américaines, entre républicains et libéraux. C'est en leur sein qu'est inventée par un historien américain des idées, J. G. A. Pocock, l'expression de « *moment machiavélien* », qui vient enrichir la liste des expressions forgées autour du nom de Machiavel[1]. Les républicains, dont il fait partie, mettent en cause la conception libérale de la liberté et la capacité de la démocratie libérale à se maintenir sans se fonder sur la participation civique : le citoyen, pour demeurer libre, ne devrait pas seulement se définir comme un sujet de droit, mais, selon eux, aussi comme un membre actif de la cité ; la liberté ne doit pas être entendue comme absence d'obstacle mais comme exercice. Machiavel est évoqué comme penseur de la vertu civique et de la participation comme condition du maintien de la liberté politique.

Si l'on peut soupçonner chez certains républicains la tentation de lire les *Discours* à la lumière des catégories politiques et juridiques modernes, il faut reconnaître dans la réflexion de J. G. A. Pocock une démarche qui tend à nouer une lecture du *Prince* à celle des *Discours* et, d'autre part, à éviter les anachronismes interprétatifs. L'expression de « *moment machiavélien* » renvoie pour lui en effet à une époque, mais surtout à un problème : « *C'est un nom donné au moment dans le temps conceptualisé, où la république fut perçue comme confrontée à sa propre finitude temporelle, comme s'efforçant de rester moralement et politiquement stable dans un flot d'événements irrationnels conçus essentiellement comme*

1. J. G. A Pocock, *Le Moment machiavélien*.

détruisant tous les systèmes de stabilité séculière. Dans le langage qu'on avait élaboré dans ce dessein, on appelait cela la confrontation entre la "vertu' et la "fortune' et la "corruption" »[1]. De cette formulation découle une étude du *Prince* comme théorie de l'innovation et des rapports entre fortune et vertu, nécessaire à une réflexion sur les conditions de maintien de la république dans les temps adverses. En outre, il fait l'hypothèse que le « *moment machiavélien* », comme problème, a traversé le temps de l'histoire en prenant des formes différentes — autrement dit, il revient à l'historien des idées de l'identifier comme tel, mais aussi de spécifier les langages dans lesquels il est exprimé, au sein de contextes politiques et historiques à chaque fois différents.

Une toute autre lecture des *Discours* a vu le jour, qui insiste sur une dimension plutôt négligée dans cette controverse entre républicains et libéraux. En vue de penser la démocratie, elle privilégie l'interprétation des humeurs et de l'antagonisme civil irréductible qui en découle. Si elle apparaît dans le commentaire du *Prince* offert par G. Sfez, qui s'appuie sur les travaux de J-F. Lyotard sur la notion de différend, elle est plus encore prégnante chez des interprètes nourris de la pensée de Marx[2]. Les analyses du corps social proposées par Claude Lefort illustrent cette perspective, selon l'hypothèse que « *pour une pensée postmarxiste, la force de Machiavel ne tient pas dans son choix de la république — où serait dans ce cas sa vigueur critique par rapport à Marx ? — mais dans le lien qu'il établit entre la division et l'institution politiques* »[3]. La division de la cité exposée tant au chapitre 9 du *Prince* qu'au chapitre I, 4 des *Discours* est ainsi reprise par l'auteur du *Travail de l'œuvre Machiavel* pour étayer une pensée du social sous le signe du conflit et de la démocratie comme épreuve de la division : « *La démocratie se constitue dans l'accepta-*

1. J. G. A. Pocock, *Ibid.*, Introduction, p. XLVIII. **2.** G. Sfez, *op. cit.* **3.** M. Abensour, « Les deux interprétations du totalitarisme chez Lefort », in : *La Démocratie à l'œuvre*, Esprit, 1993, p. 98.

tion, plus, dans l'assomption de la division originaire du social. Elle est cette forme de société, ce mode de socialisation (toute définition en termes de régime politique est insuffisante) qui reconnaît la légitimité du conflit en son sein, comme si la démocratie était cette société qui laisse libre cours à la question que le social ne cesse de se poser à lui-même, question toujours à résoudre et destinée à rester telle, en quelque sorte interminable »[1]. Au-delà de cette conception de la démocratie exposée par Cl. Lefort, M. Abensour émet l'hypothèse qu'au sein de la modernité, il y aurait comme un destin de la pensée du politique, qui conduirait plusieurs penseurs d'une mise à distance du marxisme à Machiavel, « *comme si ce qu'ils avaient longtemps cherché chez Marx, ils le découvraient soudain dans l'auteur du* Prince »[2]. Il a lui-même emprunté à J. G. A. Pocock l'expression de « *moment machiavélien* » et l'a estampillée d'un sens nouveau dans une réflexion sur la force créatrice de liberté de l'antagonisme des humeurs. Avec Machiavel peut être pensée la démocratie contre l'État. La filiation établie par A. Negri entre Spinoza, Machiavel et Marx participe, quoique formulée dans un style original, de ce courant interprétatif : il affirme en effet qu'il faut penser la démocratie, en rupture avec le point de vue juridique et constitutionnaliste, comme une innovation permanente en vue de la liberté, qui se nourrit des revendications et des luttes de la multitude contre l'ordre établi[3].

Les *Discours* ne dominent pas cependant sans partage le champ des usages machiavéliens. A qui veut définir l'action politique et ses conditions, la référence au *Prince* demeure en effet déterminante. A travers les propos de son auteur peuvent être pensées ses dimensions de contingence, d'aventure et d'imprévisibilité, sa phénoménalité et enfin, sa spécificité par rapport aux activités des

---

1. M. Abensour, *ibid.*, p. 102. **2.** M. Abensour, *La Démocratie contre l'État, Marx et le moment machiavélien*, p. 103. **3.** A. Negri, *Le Pouvoir constituant — Essai sur les alternatives de la modernité.*

hommes dans la sphère socio-économique. M. Merleau-Ponty, H. Arendt et Cl. Lefort ont exploré cette voie[1]. Contre le déterminisme historique, c'est une autre intelligence historique qu'a mise en lumière le premier et que H. Arendt a conçu la politique comme art du possible : comme telle, elle comporte des risques et le danger de démesure, mais interdit la résignation. Avec Claude Lefort, elle a aussi rejeté le jugement moral de l'action politique ou la tentation de l'interpréter selon ses motivations prétendues ou supposées. Selon eux, pour être comprise, celle-ci doit être située dans un espace de visibilité, considérée comme un phénomène, dans son apparaître. Si Socrate est par excellence le penseur politique, il revient d'après elle à Machiavel d'être le véritable acteur politique. Enfin, elle a insisté sur l'impossibilité de réduire à l'organisation socio-économique la communauté humaine : au-delà d'une inspiration clairement aristotélicienne, cette thèse prend corps dans une analyse de l'action politique, à laquelle contribue de manière significative sa lecture de Machiavel.

Nul doute que d'autres usages du *Prince* et de l'œuvre de Machiavel, considérée dans son ensemble ou en partie, verront le jour. Cette hypothèse invite à ne pas conclure, sinon par une pirouette que nous effectuerons avec l'aide d'Italo Calvino. Pourquoi lire les classiques, se demande-t-il ? Parmi les quatorze définitions qu'il propose d'un classique, nous en reprenons certaines pour inviter maintenant le lecteur à aborder seul la lecture de ce classique :

« *[6] Un classique est un livre qui n'a jamais fini de dire ce qu'il a à dire (...) [8] Un classique est une œuvre qui provoque sans cesse un nuage de discours critiques, dont elle se débarrasse continuellement (...) [10] On appelle classique un livre qui, à l'instar des anciens talismans, se présente comme un équivalent de l'univers (...) [13] Est classique ce qui tend à reléguer l'actualité au*

---

1. M. Merleau-Ponty, *Sens et non-sens*, Nagel, 1946 ; *Humanisme et terreur*, Gallimard, 1947, et « Note sur Machiavel », *in* : *Signes*, Gallimard, 1960 ; Cl. Lefort et H. Arendt (p. 188).

rang de rumeur de fond, sans pour autant éteindre cette rumeur. [14] Est classique ce qui persiste comme rumeur de fond, là même où l'actualité qui en est la plus éloignée règne en maître »[1].

Marie GAILLE-NIKODIMOV

1. I. Calvino, *Pourquoi lire les classiques*, trad. de J.-P. Manganaro, Seuil, 1995, pp. 9-12.

[illegible]

[illegible] de la [illegible] manuscrits [illegible]

[illegible]

[illegible] 1929 un commentaire [illegible]

[illegible] d'une nouvelle édition [illegible]

où elle n'est pas même [illegible]

[illegible]

NOTE SUR LA PRÉSENTE ÉDITION

Le texte que nous avons traduit est celui qui a été établi par G. Inglese, d'abord publié par l'Istituto storico italiano per il medio evo (Fonti per la storia dell'Italia medievale) en 1994, puis repris dans un format de poche par Einaudi, en 1995. Notre édition s'appuie sur une étude de la tradition manuscrite que l'on peut estimer indépendante de la tradition éditoriale [1]. A partir de l'analyse de 19 manuscrits, il a recomposé une double version du texte (figure dans l'Annexe I une liste complète de ces manuscrits). L'une est issue de copies qui ont probablement circulé entre les mains des amis et interlocuteurs de Machiavel immédiatement après une première rédaction ; une autre est établie à partir des accords entre deux manuscrits qui témoigneraient d'une écriture plus aboutie, d'un texte retravaillé, en vue de l'offrir à Laurent de Médicis le jeune ou de le publier. G. Inglese privilégie cette seconde version tout en tenant compte des leçons philologiques de la première. Mario Martelli a publié en 1999 un commentaire polémique de ces choix philologiques et de cette version [2]. Il annonce aussi la publication d'une nouvelle édition critique du texte [3]. Dans la mesure où elle n'est pas encore parue, nous nous appuyons sur la version proposée par G. Inglese, tout en tenant compte des corrections et critiques énoncées par M. Martelli dans

---

1. G. Inglese, *Niccolò Machiavelli, De principatibus*, Istituto storico italiano per il medio evo, Roma, 1994. **2.** M. Martelli, *Saggio sul Principe*, Salerno Editrice, Roma, 1999. **3.** A venir dans l'*Edizione Nazionale delle Opere di Niccolò Machiavelli*, Salerno Editrice, Roma.

son essai. Nous intégrons certaines de ces corrections dans notre traduction ou, en note, quelques-unes de ses suggestions.

Nous n'avons pas, cependant, repris le découpage du texte en segments effectué par G. Inglese. Sa valeur pratique — notamment pour le travail d'annotation — ne nous a pas échappé, mais nous avons souhaité organiser le moins possible la lecture. Nous avons suivi en revanche, à quelques exceptions près, le découpage en paragraphes qu'il propose, passant à la ligne lorsque Machiavel évolue d'une considération à une autre, introduit une nouvelle question, expose des exemples, change d'angle de vue, tire une conclusion ou énonce une sentence ou une règle. Nous avons généralement regroupé les exemples et ne les avons pas toujours séparés du corps du raisonnement, en vertu de leur rôle déterminant pour celui-ci. Ils constituent cependant des paragraphes distincts lorsqu'ils correspondent à des épisodes à part entière, longuement développés par Machiavel. L'établissement d'un texte passe aussi par sa ponctuation : cela n'est pas chose aisée pour cette œuvre, dont de nombreuses phrases sont comparables à des poupées russes — un membre de la proposition en dissimulant un autre, qu'il faut intégrer dans une structure emboîtée. Nous avons renoncé à l'emploi de la parenthèse, afin de ne donner une importance moindre à aucune partie des propositions. Quand la structure devenait trop complexe et que nous ne pouvions nous contenter de la virgule, nous avons utilisé les tirets. D'autre part, le phrasé de Machiavel *vole*, comme l'homme qui accède au pouvoir aidé par la fortune (chap. 7) et il est *agile* comme les fantassins espagnols (chap. 26) ; aussi avons-nous souhaité rendre, autant que faire se peut, sa rapidité et sa fluidité, en interrompant sa course le moins possible. Pour cela, nous avons fait un usage abondant de la virgule et du point virgule, quitte à allonger les phrases, et rarement des deux points. Cela nous a conduit à ne pas toujours reprendre le système de ponctuation de G. Inglese.

L'impression de lecture qui a prévalu, dans l'esprit de notre traduction, est celle d'une économie d'écriture, d'un style sec et acéré ; Amelot de la Houssaye parle justement d'une « *expression laconique* » et de « *l'air de liberté* » du texte[1]. Machiavel va au plus vite, au plus court, il met d'emblée en situation, énumère les différents cas envisagés sans fioriture, passe d'un sujet à un autre dans une même proposition sans transition. Le lecteur est de ce fait constamment mobilisé, il doit faire un effort pour suivre son auteur. Nous n'avons pas voulu le lui épargner. C'est pourquoi, nous avons repris l'usage massif de formules « raccourcis » — les participes présents, les structures subordonnées du type « *à vouloir se maintenir...* » — et n'avons pas cherché à rétablir la correction syntaxique lorsque nous avons rencontré des anacoluthes, ni à alléger la phrase lorsqu'il multiplie l'emploi des tournures causales. Par ailleurs, nous n'avons pas hésité, afin de ne pas trahir son phrasé, à employer des termes français dans des tournures inhabituelles pour eux aujourd'hui, transposant ici l'avis de Leibniz à propos de l'usage des mots étrangers dans une langue : « *Je suis donc d'avis qu'il ne faut pas être puritain quant à la langue en fuyant avec une crainte superstitieuse — comme un péché mortel — l'emploi d'un mot étranger et convenable, au point de se priver de ses forces et d'ôter toute vigueur à son propre discours* »[2]. Ainsi, nous avons constamment employé le terme « offenser » pour traduire *offendere*, qui dans un certain nombre de cas aurait été plus spontanément traduit par « attaquer » ; mais le terme « attaquer » est pour sa part utilisé pour traduire *assaltare* et si nous n'employons certes plus le terme « offenser » en ce sens, son usage permet de conserver une même racine pour la traduction du substantif *offesa* (offense) et du verbe. De même, nous avons gardé en français la même structure qu'en italien pour le verbe *obligarsi* — s'obliger à —, plutôt que de le traduire par « être l'obligé de ».

---

1. Amelot de la Houssaye, Préface à la traduction du *Prince*, Volland, 1793, p. LXII et p. LXIII. **2.** G. W. Leibniz, *L'Harmonie des langues*, Considération 16, tr. de M. Crépon, Le Seuil, 2000, p. 49.

Enfin, un aspect important du texte est qu'il délivre une analyse à partir d'un bagage de mots plutôt restreint, qui tissent ainsi une toile dense autour des interrogations machiavéliennes. Il nous a paru essentiel d'en rendre compte. Aussi avons-nous adopté le principe d'un mot pour un autre et l'avons respecté autant que faire se peut, en rompant avec lui lorsque la compréhension était en jeu ou que l'oreille était trop blessée. Nous avons jugé utile, afin que le lecteur ait une idée du vocabulaire dans la langue originale du *Prince*, de présenter ici les termes relatifs à certains fils directeurs essentiels du texte (avec le choix de traduction entre parenthèses).

Les opérations de l'écrivain-conseiller

a) Les mots de l'examen réfléchi : *considerare* (considérer), *discorrere* (discourir de), *esaminare* (examiner), *escogitare* (mûrir longuement), *pensare* (penser), *ragionare* (raisonner sur, à propos de — également employé dans sa forme substantivée par Machiavel : *il ragionare*).

b) Quelques opérations clé du raisonnement : *chiamare* (appeler), *chiarire* (clarifier), *correggere* (corriger), *dare esempli* (donner des exemples), *dimostrare* (démontrer), *nominare* (nommer), *notare* (remarquer), *raccogliere* (recueillir — des cas, des exemples), *regolare* (réduire à des règles), *ricordare* (recommander), *ridurre alla memoria* (réduire à la mémoire), *trarre* (tirer — une règle), *scrivere utile* (écrire chose utile).

c) Les mots du jugement et de l'estimation : *accusare* (accuser), *biasimare* (blâmer), *credere* (croire), *inclinare* (incliner — dans l'opinion), *iudicare* (juger), *laudare* (louer).

d) Les mots du choix et de la sélection (de l'objet du raisonnement, du bon exemple, du terme adéquat, etc.) : *allegare* (alléguer), *addurre* (ajouter), *aggiungere* (ajouter, et exceptionnellement, adjoindre, au chapitre 19, à propos de Sévère et d'Albin), *lasciare indreto* (renoncer à), *partirsi* (selon les cas : s'éloigner de, quitter), *pigliare* (prendre — les bons exemples), *ristringere* (restreindre), *tacere* (taire).

e) Les mots de la prise de position, du désaccord et du dialogue : *ardire* (s'enhardir), *disputare* (disputer), *dubitare* (selon les cas : douter, redouter), *marvigliarsi* (s'étonner de), *parere* (paraître), *replicare* (répliquer), *repugnare* (opposer), *ricercarsi* (se demander), *rispondere* (répondre), *volere* (vouloir).

f) Les mots décrivant le cheminement du raisonnement : *cominciare* (commencer), *concludere* (conclure), *dire* (dire), *narrare* (relater), *parlare* (parler), *scendere* (continuer, une occurrence), *tornare*, *trovare* (trouver), *venire* (selon les cas : en venir à, venir à), *voltare* (selon les cas : tourner, être disposé à).

Cause, nécessité, conséquence

Un des motifs du texte consiste à mettre en évidence des relations causales, des relations de nécessité et les conséquences de telle ou telle manière d'agir. Le texte recèle, à cet effet, de nombreuses expressions renvoyant à la cause (*cagione*, *causare*), à la raison (*ragione*, *ragionevole*), à la nécessité (*necessità*, *necessario*, *essere necessitato*), à la contrainte (*essere costretto*), à la nature (*essere naturale*), à la provenance (*avvenire da*), auxquelles on peut ajouter *dovere* et *avere ad* (tous deux traduits par devoir), et *bisognare* + infinitif (falloir).

Dans le même sens, *perché* (parce que), *però* et *onde che* (c'est pourquoi), *dunque* et *adunque* (donc), *pertanto* (par conséquent), *onde* (d'où), ainsi que le verbe *seguire* (dans certains cas : s'ensuivre) et plusieurs constructions verbales, *conviene che* (il convient que) et *donde conviene che* (d'où il s'ensuit que), *donde nasce* (d'où vient que), *il che nasce* (ce qui naît), *di qui nasce* (de là naît), *nascere da* (naître de), introduisent des propositions énonçant une cause ou une conséquence.

Enfin, « *essere tanto... che* » (être tel que/ tant que), « *... talmente che...* » (si bien que), « *... essere di qualità* *che...* » (être de telle sorte que), « ... *in modo che...* » (de manière que) permettent à Machiavel de signifier la conséquence.

Les opérations du prince

a) Les mots de la conquête et de l'élévation au pouvoir : *accrescere* (selon les cas : accroître, croître, étendre), *acquistare* (acquérir), *ampliare* (substantivé dans la traduction : expansion), *ascendere allo imperio* (s'élever au pouvoir), *insignorire* (devenir le seigneur de), *pervenire a* (parvenir à), *prendere* et *pigliare* (prendre), *togliere* (selon les cas : prendre, ôter), *stato* (état), *tòrre* (enlever).

b) Les mots de la *guerra* (guerre) forment un ensemble extrêmement riche et diversifié :

— désignation de la relation : *amico* (ami au sens d'allié), *avversori* (adversaires), *defensori* (défenseurs), *nimico* et *inimico* (ennemi).

— désignation de l'armée : *le arme* (les armes — que Machiavel emploie plus volontiers que le terme *esercito*) qui peuvent être *proprie* (propres), *ausiliarie* (auxiliaires), *mercennarie* (mercenaires), *miste* (mixtes — c'est-à-dire un mélange de ces types d'armes), *esterne* (extérieures), *aliene* ou *di altri* (d'autrui), *battaglie* (bataillons), *esercito* (armée), *milizia* (milice), *soldato* (soldat).

— désignation des catégories d'armée et des hommes en armes : *artiglieria* (artillerie), *cavaleria* et *cavagli* (cavalerie et cavaliers), *fanteria* et *fanti* (infanterie et fantassins), *capitano* (capitaine), *condottiere* (condottiere), *gente d'arme* (gens d'armes, expression issue du français, renvoyant aux cavaliers) ; l'expression *uomo militare* (homme militaire) ne renvoie pas à une position hiérarchique, mais à un caractère, proche de l'expression française « homme de guerre ».

— désignation de l'attaque et de la défense : *affrontarsi* (s'affronter), *assaltare* et *assalto* (attaquer et attaque), *assediare* et *assedio* (assiéger et siège), *in cam-*

pagna (en campagne), *campeggiare* (faire le siège de — en campant), *combattere* (comme verbe : combattre et comme substantif : combat), *difendere,* le latinisme *defensione* et *difesa* (défendre et défense), *disfare* et *distruggere* (détruire), *espugnare* et *espugnazione* (s'emparer de et prise d'assaut), *fortezza* (forteresse), *fortificare* et *affortificare* (fortifier), *fossa* (fosse), *giornata* (journée — expression issue du français de l'époque, désignant une bataille rangée), *offendere* et *offesa* (offenser et offense), *perseverare* (persévérer), *spegnere* et *annullare*, du latin (anéantir), *urtare* (affronter).

— désignation des mouvements de guerre : *cacciare* (chasser), *cavare* (tirer — hors de), *cedere* (céder), *dissipare* et *dispersare* (disperser), *fuggire* (fuir), *resistire* (résister), *rifuggirsi* (se réfugier), *ritirarsi* (se retirer).

— désignation de la victoire et de la défaite : *battere* (battre), *disfatto* (défait), *perdere* et *perdita* (perdre et, dans un contexte militaire, défaite, sinon, perte), *rompere* (mettre en déroute), *vincere* et *vittoria* (vaincre et victoire).

c) Les mots du maintien au pouvoir : *amministrare* et *amministrazione* (administrer et administration), *assicurare* et *assicurarsi* (selon les cas : assurer, rassurer et s'assurer), *autorità* (autorité), *carica* et *offizio* (responsabilité et office, ce dernier terme couvrant un éventail de sens allant de la charge administrative au service dû), *cïttadino* (selon les cas : citoyen ou concitoyen), *conservare* (conserver), *comandare* (commander), *corroborare* (affermir), *dominare* et *dominio* (être le seigneur de et seigneurie), *durare* (durer), *edificare* et *edifizio* (édifier et édifice), *fondamento*, *fondare*, *fondarsi*, *fare fondamenti*, *gettare fondamenti* (fondement, fonder, se fonder, bâtir des fondements, jeter des fondements), *governare* et *governo* (gouverner et gouvernement), *imperio* (selon les cas : pouvoir, empire), *introdurre* (introduire — une forme, un ordre), *mantenersi* (se maintenir), *munire* (munir), *occupare* (occuper et, exceptionnellement, au chap. 17, prendre possession de, à propos des biens d'autrui), *ordinare* et *ordine* (ordonner et ordre), *patrone* (patron), *prin-*

cipe et *principato* (prince et principat), *possedere* (posséder), *provedere* et *fare provedimento* (pourvoir), *reggere* (selon les cas : diriger, faire front à, soutenir), *regnare* et *regno* (régner et royaume), *rimediare* et *avere rimedio* (remédier à et avoir un remède), *tenere* (tenir).

d) Les mots de la prudence ou de l'imprudence du prince : *accorgersi* (se rendre compte), *avere riguardo a* (prendre garde à), *colorire* (colorer), *conoscere* (connaître), *considerare* (considérer), *curarsi* et *avere cura* (avoir cure de), *dissimulare* (dissimuler), *guardarsi* (se garder), *imitare* (imiter), *ingannarsi* (se tromper), *intendere* et *comprendere* (comprendre), *osservare*, *osservanzia* et *inosservanzia* (observer, observance et inobservance), *maneggiare* et *maneggi* (manœuvrer et manœuvres), *operare* et *opera* (œuvrer et œuvre), *parere* (paraître), *preterire* (passer outre), *avere respetto a* (avoir égard à), *prudenza* et *prudente* (prudence et prudent), *simulare* (simuler), *prevedere* ou *vedere* ou *conoscere discosto* (prévoir, voir, reconnaître de loin), *sapere* (savoir), *savio* (sage), *stimare* (estimer), *temperare* (tempérer), *temporeggiare* (temporiser), *tenere poco conto* et *esistimare poco* (faire peu de cas).

e) Les mots de la relation entre le prince et ses sujets : *abassare* et *sbassare* (abaisser), *aderire* (s'attacher), *affezione* (affection), *amare*, *amore* et *amicizia* (aimer, amour et amitié), *ammazzare* (tuer), *battere* (battre), *consentire* (consentir), *benivolenzia*, *benivolo*, *benivolare* (bienveillance, bienveillant, être bienveillant à l'égard de), *congiurare*, *congiurante* et *congiura* (conjurer, conjurateur et conjuration), *coniungere* (se lier), *consentire* et *acconsentire* (consentir et assentir), *conspirare* (conspirer), *contennendo* (méprisable), *contentare* (contenter), *crudeltà* et *crudele* (cruel), *disprezzato* (méprisé), *fama* et *infamia* (renommée et mauvais renom), *fazione* (faction), *fede* et *fedele* (foi et fidélité), *ferocità* (férocité — le plus souvent, au sens de fougue) et *ferocia* (intrépidité), *odiare* et *odio* (haïr et haine), *obligarsi* (s'obliger), *onorare* (honorer), *opprimere* (opprimer), *parte* (entre autres : parti), *partigiano* (partisan), *paura* (peur), *pietà* et *piatoso* (pitié et pitoyable), *potenza*, *potento* et *potentato* (puissance, puissant, potentat), *pregare* (prier), *reputazione* (réputation), *ribellarsi* et *ribellione* (se rebeller et rébellion), *ridurre a* (réduire à), *ruinare* et *ruinarsi* ou *rovinare* et *rovinarsi* (ruiner et aller à sa ruine), *satisfare* (satisfaire), *timore* et *temere* (la crainte et craindre), *ubbidire* (obéir), *uccidere* (occire), *venerare* et *venerando* (respecter et respectable), *vendicare* et *vendetta* (se venger et vengeance), *vezzegiare* (choyer).

La virtù : qualité princière et tourment du traducteur

Ce terme et son dérivé — *virtuoso* — a fait l'objet des choix de traduction les plus divers, souvent opposés en leur principe : les uns ont choisi de le traduire à l'aide de plusieurs termes, selon les contextes, d'autres, moins nombreux, par un seul. Certains ont choisi de le traduire à l'aide d'autres termes qu'avec sa traduction littérale, par exemple, avec vaillance ou valeur, d'autres l'ont traduit littéralement, par vertu. Ce dernier choix est notamment celui de Jean-Louis Fournel et Jean-Claude Zancarini. Nous l'adoptons à notre tour pour plusieurs raisons : nous avons souhaité, pour un terme aussi important que celui-ci, appliquer notre principe de traduction — un mot pour un autre — et avons exclu par conséquent la possibilité de le rendre par plusieurs termes ; ceci acquis, la question se posait de savoir si nous opterions pour le terme « vertu » ou en choisirions un autre. « Vertu » a eu notre préférence : en effet, tout autre choix est appauvrissant et réducteur, que l'on s'oriente vers l'idée de courage, d'habileté ou d'intelligence ; en outre, certains emplois de ce terme, dans le texte, renvoient au sens moral de la vertu, par exemple au chapitre 10, lorsque Machiavel évoque Léon X ; il nous a semblé intéressant de conserver la double signification — celle de la vertu morale et celle de la vertu du prince machiavélien, si difficile à cerner ; par ailleurs, en choisissant un autre terme, par exemple « vaillance », on allait au devant d'épineuses difficultés, ainsi lorsqu'on devait traduire « *virtù* » au pluriel ; enfin, force est de constater que de nombreux termes français ne sont pas disponibles, dès lors qu'on a adopté le principe d'un mot pour un autre, parce qu'ils servent à traduire d'autres termes italiens : génie pour *ingegno*, esprit pour *animo*, valeur pour *valore,* courageux pour *animoso,* etc. Sans prétendre que la traduction par « vertu » est entièrement satisfaisante, nous pensons qu'elle a l'avantage non négligeable d'indiquer la difficulté de traduction et de définition, plutôt que de la dissimuler.

Le cours changeant des choses

Dans l'énoncé des conditions de l'action, Machiavel se montre très attentif aux changements de circonstance, qui imposent une modification de la manière de faire et de penser et pour le prince, une préparation constante pour y faire face. Aussi rencontre-t-on fréquemment des termes qui révèlent la *qualità de' tempi* (la qualité des temps) : *ordinario /straordinario* (ordinaire /extraordinaire), *bonaccia /tempesta* (bonace /tempête), *tempi quieti* ou *pacifici /tempi aversi* ou *avversità* (temps tranquilles ou pacifiques /temps adverses ou adversité), *tempo atto* (temps apte). Le terme d'*occasione* (occasion) est également essentiel : il désigne cet instant favorable à l'action, don de la *fortuna* (fortune) à l'homme, à saisir au moment même où il se présente. Enfin, si l'homme est susceptible d'introduire une *innovazione* (innovation) ou de provoquer une *alterazione* (transformation) ou une *mutazione* (changement) de l'ordre ou de la forme, il doit prendre garde à ne pas se laisser surprendre par les *variazione* (variations) du cours des choses. Machiavel, pour évoquer ces bouleversements, utilise aussi les verbes correspondants : *alterare* (transformer), *mutare* et *mutarsi* (changer — *cambiare* est traduit par remplacer).

Les titres des chapitres sont en latin et plusieurs expressions et termes latins sont employés par Machiavel — *ab antiquo, ad votum, compedes, demum, e converso, etiam, funditus, in exemplis, in universali, iure hereditario, non solum, praesertim, praetera, quodammodo, solum, tamen.* Nous les avons traduits au même titre que le texte en italien, par ailleurs émaillé de nombreuses expressions et termes que l'on qualifierait aujourd'hui de « latinismes », mais qui, dans la langue machiavélienne, ne constituent en aucun cas des emprunts à une langue étrangère. Enfin, nous avons conservé l'italien pour la plupart des noms propres, sauf pour ceux qui sont couramment évoqués dans une version francisée.

Pour l'établissement des notes relatives aux sources de Machiavel, nous sommes très redevables à L. Arthur Burd, pour *Il Principe* (Clarendon Press, 1891) — et à Jean-Claude Zancarini qui a eu la gentillesse de mettre à notre disposition l'exemplaire de son étude, à G. Inglese, pour son édition *Il Principe* (Einaudi, 1995) et à G. Sasso, pour son exégèse, *Niccolò Machiavelli. Storia del suo pensiero politico* (Il Mulino, 1980).

LE PRINCE

Nicolas Machiavel salue le Magnifique Laurent de Médicis[1] le jeune

Le plus souvent, ceux qui désirent acquérir la grâce auprès d'un prince ont coutume de faire sa rencontre avec ces choses qu'ils tiennent pour les plus chères ou celles dont ils voient qu'il se délecte le plus ; d'où l'on voit, maintes fois, qu'il leur est fait présent de chevaux, d'armes, de draps d'or, de pierres précieuses et de semblables ornements, dignes de la grandeur de ceux-ci. Désirant donc pour ma part m'offrir à votre Magnificence avec quelque témoignage de mon dévouement à son égard, je n'ai rien trouvé, dans mon attirail[2], chose qui me soit plus chère ou que j'estime plus que la connaissance des actions des grands hommes, apprise par moi d'une longue expérience des choses modernes[3] et d'une continuelle leçon des anciennes[4] ; les ayant, avec grande

---

1. Laurent de Médicis (1492-1519), fils de Pierre de Médicis, placé au pouvoir par son oncle Léon X à partir du printemps 1513. La dédicace, probablement écrite après l'opuscule, a d'abord été adressée à Julien de Médicis (lettre du 10 décembre 1513). **2.** « Attirail » traduit le latinisme *suppelletile* (ustensile de ménage, mobilier, attirail, bagage). **3.** Machiavel (1469-1527) : au service de la République florentine de 1498 à 1512, d'abord secrétaire de la seconde chancellerie et des Dix de Liberté et de Paix, puis proche conseiller de Pierre Soderini. Voyageant, supervisant, observant, il accumule une riche expérience diplomatique, militaire et politique, et rédige des milliers de lettres et de compte-rendu, dont certains seulement sont accessibles en français (cf. *Œuvres*). **4.** Cf. Dédicace des *Discours* : « *parce qu'en celui-ci, j'ai exprimé tout ce que je sais et tout ce que j'ai appris d'une longue pratique et d'une continuelle leçon des choses anciennes* » et Livre I, Proemio : « *...mon peu d'intelligence, mon peu d'expérience des choses présentes et la faible connaissance des anciennes...* » (ma trad.).

diligence, longuement mûries et examinées, et réduites à présent en un petit volume, je les envoie à votre Magnificence. Et quoique je juge cette œuvre indigne de la présence de celle-ci, j'ai cependant grande confiance qu'elle devra être acceptée, grâce à son humanité, considéré qu'elle ne peut recevoir de ma part plus grand cadeau que la faculté de pouvoir, en un temps très bref, comprendre tout ce que moi, en tant d'années et au prix de tant de désagréments et de périls, j'ai connu et compris. Cette œuvre, je ne l'ai ni ornée ni farcie de clauses amples ou de mots ampoulés et magnifiques ou de quelque autre artifice et ornement extrinsèques, avec lesquels beaucoup ont coutume de décrire et orner leurs propres choses, parce que j'ai voulu ou que rien ne l'honore ou que seules la variété de la matière et la gravité du sujet la rendent agréable. Et je ne veux pas que l'on impute à la présomption qu'un homme de bas et infime état s'enhardisse à discourir et réduire à des règles les gouvernements des princes, parce que, comme ceux qui dessinent les pays s'établissent dans la plaine pour considérer la nature des montagnes et des autres lieux hauts, et pour considérer celle des lieux bas, s'établissent en haut sur les montagnes, de même, pour connaître bien la nature des peuples, il faut être prince et pour connaître bien celle des princes, il convient d'être du peuple. Que votre Magnificence prenne donc ce petit don dans l'esprit[1] avec lequel je l'envoie[2] et s'il est diligemment considéré et lu par elle, elle y connaîtra au-dedans mon désir extrême qu'elle parvienne à cette grandeur que la fortune et ses autres qualités lui promettent. Et si votre Magnificence, depuis le sommet de sa hauteur, tourne quelquefois les yeux vers

---

1. « Esprit » traduit *animo*, qui recouvre un éventail de sens allant du courage au dessein, en passant par le cœur, l'âme et l'état d'esprit, et « courageux » l'adjectif *animoso*. *Spirito* (*hapax*, chap. 26) a été traduit par « âme ». **2.** Selon S. Martelli, Machiavel n'invite pas ici Laurent de Médicis à être dans le même état d'esprit que lui, mais à accepter ce don, en considérant l'esprit dans lequel il lui est offert.

ces lieux bas, elle saura combien je supporte injustement une grande et continuelle malignité de fortune[1].

1. Machiavel fait ici allusion à sa situation : appauvri, désœuvré et loin de la cité florentine.

1

Combien de genres de principat y a-t-il et de quelles manières les acquiert-on ?

Tous les états[1], toutes les seigneuries, qui ont eu et ont pouvoir[2] sur les hommes, ont été et sont ou des républiques ou des principats. Les principats, ou sont héréditaires, ceux dont le sang de leur seigneur en a été prince depuis longtemps, ou sont nouveaux. Les nouveaux, ou ils sont entièrement nouveaux, comme fut Milan pour Francesco Sforza[3], ou ils sont comme des membres ajoutés à l'état héréditaire du prince qui les acquiert, comme l'est le royaume de Naples[4] pour le roi d'Espagne. Ces seigneuries ainsi acquises ou sont accoutumées à vivre sous un prince, ou habituées à être libres ;

---

1. Le terme italien *stato* (« état ») a une pluralité de sens : « *Le mot était d'usage courant dans la littérature politique du* XV*e siècle pour désigner le pouvoir d'un homme ou d'un groupe à la tête de la cité (...)* Stato *désigne ensuite, assez fréquemment, le domaine — territoire et population — sur lequel s'exerce la domination. (...)* Stato*, enfin, signifie également le régime ou la forme constitutionnelle du gouvernement (*stato libero*, par exemple, pour la république). Ce n'est qu'en d'assez rares occasions que* stato *correspond au sens moderne de structure de pouvoir indépendante de ceux qui en ont la charge* », M. Senellart, *Les Arts de gouverner*, pp. 211-213. Nous le traduisons par « état » et non « État » ; nous conservons ainsi, comme Machiavel, un seul terme doué de plusieurs sens, qui n'est pas synonyme d'État. **2.** Le terme *imperio* renvoie à une notion précise de la pensée juridique (cf. Justinien, *Institutiones*). Il s'agit d'un pouvoir fondé juridiquement. Nous le traduisons en général par « pouvoir », et parfois par « Empire ». **3.** Francesco Sforza (1401-1466), condottiere devenu duc de Milan. **4.** Naples est conquise, à partir de 1500, par Gonzalve de Cordoue, au service du roi Ferdinand d'Espagne.

et elles s'acquièrent ou avec les armes d'autrui ou avec les siennes propres, ou par fortune ou par vertu.

2

Des principats héréditaires

Je renoncerai à raisonner à propos des républiques, parce qu'une autre fois j'ai longuement raisonné à leur propos[1]. Je me tournerai seulement vers le principat et j'irai retissant les trames susdites, et je disputerai comment ces principats peuvent se gouverner et se maintenir.

Je dis donc que, dans les états héréditaires et accoutumés au sang de leur prince, il y a beaucoup moins de difficultés à se maintenir que dans les nouveaux, parce qu'il suffit seulement de ne pas passer outre les ordres[2] de ses ancêtres et puis de temporiser face aux accidents[3] ; de telle manière que si tel prince fait preuve d'une industrie ordinaire, il se maintiendra toujours en son état, s'il n'y a pas de force extraordinaire et excessive qui l'en prive ; et s'il en est privé, dès que l'occupant subit un désastre, il l'acquiert de nouveau[4].

Nous avons en Italie, par exemple, le duc de Ferrare qui n'a soutenu les assauts des Vénitiens en quatre-vingt quatre et ceux du pape Jules en dix pour d'autre cause que celle d'être de longue date établi en cette seigneurie[5].

---

1. Machiavel fait peut-être allusion à un texte ultérieurement inclus dans les *Discours*, ou point de départ de celui-ci (cf. P. Larivaille). **2.** *Ordine* n'a pas un sens univoque — manière de faire, d'agir ou d'organiser les choses, institution (surtout dans les *Discours*), commandement. Comme pour « *virtù* » et « *stato* » nous traduisons littéralement pour signaler l'emploi d'un seul terme doté de plusieurs significations dans le texte. **3.** Temporiser a ici moins le sens de différer que d'agir en fonction des circonstances. **4.** Cf. *Histoires florentines*, VII, 24. Les chap. 3 et 24 nuancent la portée de cette analyse. **5.** Il s'agit en réalité de deux hommes : Hercule d'Este, puis Alphonse d'Este. La famille d'Este dirige les destinées de Ferrare depuis le milieu du XIIIe siècle. Les dates sont 1484 et 1510.

Parce que le prince naturel a moins de causes et moins de nécessités d'offenser, d'où il convient qu'il soit plus aimé ; et à moins que d'extraordinaires vices ne le fassent haïr, la raison veut[1] qu'il soit naturellement considéré avec bienveillance par les siens. Et dans l'ancienneté et la perpétuation de la seigneurie sont anéanties la mémoire et les causes des innovations, parce que toujours un changement laisse un étai[2] pour l'édification du suivant.

3

Des principats mixtes

Mais dans le principat nouveau résident les difficultés. Et en premier lieu — s'il n'est pas entièrement nouveau, mais comme membre d'un état qu'on peut appeler tout ensemble presque mixte —, ses variations naissent d'abord d'une difficulté naturelle, qu'il y a dans tous les principats nouveaux, qui sont que les hommes changent volontiers de seigneur, croyant aller vers le mieux, et cette croyance leur fait prendre les armes contre celui-ci[3], ce en quoi ils se trompent, parce qu'ils voient par la suite, d'expérience, qu'ils sont allés vers le pire. Ce qui dépend d'une autre nécessité naturelle et ordinaire, qui fait que toujours il faut offenser ceux dont on devient le nouveau prince, et avec des gens d'armes et par une infinité d'autres atteintes qu'une nouvelle acquisition entraîne à sa suite : de telle manière que tu as pour ennemi tous ceux que tu as offensés en occupant ce principat, et que tu ne peux garder pour amis ceux qui t'y ont mis, pour ne pouvoir les satisfaire de la manière qu'ils avaient pré-

---

1. « La raison veut que » traduit *è ragionevole* (nous avons voulu garder les deux sens de raison calculatrice et de raison raisonnable). **2.** Ce terme ouvre le champ lexical de la construction, très présent dans le texte. **3.** Cf. *Discours*, III, 21 ; ce propos est contredit au chap. 6.

supposée et pour ne pouvoir, toi, user contre eux de médecines fortes, étant leur obligé ; parce que, même si quelqu'un peut compter sur de très fortes armées, il a toujours besoin de la faveur des habitants d'une province pour y pénétrer. Pour ces raisons, Louis XII roi de France occupa tout de suite Milan et tout de suite la perdit ; et la première fois, pour la lui enlever, les forces propres de Ludovic suffirent, parce que ces peuples qui lui avaient ouvert les portes, se trouvant trompés dans leur opinion et à propos de ce bien futur qu'ils avaient présupposé, ne pouvaient supporter les gênes occasionnées par le nouveau prince[1].

Il est bien vrai qu'ensuite, lorsqu'on les acquiert une seconde fois, les pays qui se sont rebellés se perdent plus difficilement, parce que le seigneur, saisissant l'occasion offerte par la rébellion, est moins circonspect, en vue de s'assurer, en châtiant les coupables, en faisant sortir de l'ombre les suspects, en pourvoyant ses parties les plus faibles ; de manière que, pour faire perdre Milan à la France, s'il suffit la première fois d'un duc Ludovic qui fasse du vacarme aux confins, pour la lui[2] faire perdre ensuite une seconde fois, il fallut que tout le monde se ligue contre elle et que ses armées fussent anéanties et chassées d'Italie[3], ce qui naquit des causes susdites. Néanmoins, et la première et la seconde fois, elle lui fut prise. On a discouru des causes universelles de la première ; il reste maintenant à dire celles de la seconde et à envisager quels remèdes il avait et ceux que peut avoir celui qui serait dans ses termes, pour pouvoir se maintenir dans l'acquisition mieux que ne le fit la France.

---

1. Louis XII succède en 1498 à Charles VIII et, en 1499, part à la conquête de la Lombardie, dont il revendique la domination en tant qu'héritier de Valentina Visconti. Il la conquiert, la perd et la reprend en l'espace de quelques mois. Toute sa politique extérieure a été orientée vers l'Italie. Il dut se retirer de Milan en 1511. Cf. *Discours*, I, 38 ; II, 15, 22, 24 et III, 15. **2.** « Lui » est ajouté en français, par rapport au texte italien, pour permettre la compréhension. **3.** La Sainte Ligue — Espagnols, Vénitiens, Suisses —, menée par le pape Jules II.

Je dis par conséquent que ces états, qui s'ajoutent par acquisition à un état ancien appartenant à celui qui acquiert, ou sont de la même province et de la même langue, ou ne le sont pas. Quand ils le sont, il y a grande facilité à les tenir, surtout quand ils ne sont pas habitués à vivre libres et pour les posséder en toute sécurité, il suffit d'avoir anéanti la lignée du prince qui était leur seigneur, parce que, les vieilles conditions étant maintenues dans les autres choses et les coutumes n'y étant pas dissemblables, les hommes vivent tranquillement, comme on a vu qu'ont fait la Bourgogne, la Bretagne, la Gascogne et la Normandie, qui depuis si longtemps sont unies à la France[1] ; et bien qu'il y ait quelque dissemblance de langue, cependant les coutumes sont semblables et peuvent facilement s'accommoder. Et qui les acquiert, voulant les tenir, doit avoir égard à deux aspects, l'un, que le sang de leur prince ancien soit anéanti, l'autre, de ne transformer ni leurs lois ni leurs impôts ; si bien qu'en un temps très bref le principat ancien devient avec eux un seul et même corps[2].

Mais quand on acquiert des états dans une province dissemblable par la langue, les coutumes et les ordres, là sont les difficultés et là, il faut avoir grande fortune et grande industrie pour les tenir. Et l'un des plus grands et des plus énergiques remèdes serait que la personne qui acquiert aille y habiter ; ceci rendrait plus sûre et plus durable cette possession, comme l'a fait pour la Grèce le Turc[3] ; malgré tous les autres ordres qu'il observa pour tenir cet état, s'il n'était allé y habiter, il n'était pas possible qu'il le tînt. Parce qu'en s'y trouvant, on voit naître les désordres et vite, tu y peux remédier ; en ne s'y trouvant pas, on les comprend quand ils sont grands et quand

---

1. L'affirmation est historiquement discutable, mais permet de faire un tableau de la France, utile pour l'argumentation du chap. 4. **2.** Nous suivons ici la reconstruction proposée par S. Martelli : *talmente che in brevissimo tempo diventa con loro <il> principato antiquo tutto uno corpo.* **3.** Après un siècle de combats, le Sultan conquiert, en 1453, Byzance /Constantinople, qui devient ensuite la cour de l'Empire ottoman.

il n'y a plus de remède ; en outre la province n'est pas spoliée par tes officiers ; les sujets tirent satisfaction du recours auprès du prince, d'où ils ont plus de causes pour l'aimer, lorsqu'ils veulent être bons et de le craindre, lorsqu'ils veulent être autrement ; qui, des étrangers, voudrait assaillir cet état, est plus circonspect ; si bien qu'en y habitant, il ne peut le perdre que très difficilement.

L'autre remède parmi les meilleurs est d'envoyer des colonies en un ou deux endroits, qui soient presque des fers entravant cet état, parce qu'il est nécessaire ou de faire ceci, ou d'y maintenir assez de gens d'armes et de fantassins. Avec les colonies, on ne dépense pas beaucoup ; et avec point ou peu de frais, il les y envoie et les y tient, et offense seulement ceux à qui il prend les champs et les maisons pour les donner aux nouveaux habitants, qui sont une part minime de cet état ; et ceux qu'il offense, demeurant dispersés et pauvres, ne peuvent jamais lui nuire ; et tous les autres demeurent d'une part à l'abri de l'offense — et ils devraient pour cela se tranquilliser — et d'autre part ont peur à l'idée de faire une erreur — de crainte qu'il ne leur arrive la même chose qu'à ceux qui ont été spoliés. Je conclus que ces colonies ne sont pas coûteuses, sont plus fidèles, offensent moins et que les offensés ne peuvent nuire, étant, comme il est dit, pauvres et dispersés. Ce pourquoi on doit remarquer que les hommes se doivent ou choyer ou anéantir, parce qu'ils se vengent des offenses légères, mais des graves, ils ne le peuvent ; en sorte que l'offense que l'on fait à l'homme doit être telle qu'on ne craigne pas la vengeance[1]. Mais en y tenant, au lieu de colonies, des gens d'armes, il dépense beaucoup plus, ayant à consommer pour la garde toutes les recettes de cet état, de manière que l'acquisition tourne à la perte ; et il offense beaucoup plus, parce qu'il nuit à tout cet état, en déplaçant son armée de cantonnement en cantonnement ; de cette gêne, tous s'en ressentent, puis chacun devient son ennemi et tout battus qu'ils

---

1. Cf. *Del modo di trattare i popoli della Valdichiana* (1503) et les *Discours*, II, 23 et III, 6.

soient, ce sont des ennemis qui peuvent lui nuire, puisqu'ils demeurent dans leurs maisons. Cette garde est donc, en toutes parts, aussi inutile qu'est utile celle des colonies[1].

Comme il est dit, il doit aussi, celui qui se trouve dans une province dissemblable, devenir le chef et le défenseur des voisins moins puissants et s'ingénier à affaiblir les puissants de celle-ci, et se garder de ce que, par un accident quelconque, un étranger aussi puissant que lui n'y entre ; et il arrivera toujours qu'il y sera mis par ceux qui, dans celle-ci, seront mécontents ou par ambition excessive ou par peur, comme on a vu autrefois les Étoliens mettre les Romains en Grèce et, dans chaque autre province où ils entrèrent, ils y furent mis par les habitants de la province[2]. Et l'ordre des choses est qu'aussitôt qu'un étranger puissant entre dans une province, tous ceux qui se trouvent en elle moins puissants s'y attachent, mus par une envie qu'ils éprouvent envers celui qui a été plus puissant qu'eux ; si bien que, à l'égard de ces moins puissants, il n'a aucune fatigue à endurer pour se les gagner, parce qu'aussitôt, ils se regroupent tous ensemble volontiers autour de l'état qu'il y a acquis. Il doit seulement penser à ce qu'ils ne prennent pas trop de force ni trop d'autorité, et avec facilité, il peut grâce à ses forces et leur faveur abaisser ceux qui sont puissants, pour demeurer en tout arbitre de cette province ; et qui ne gouvernera pas bien cet aspect, perdra vite ce qu'il aura acquis et, pendant qu'il le tient, y rencontrera à l'intérieur des difficultés et des gênes infinies.

Les Romains, dans les provinces qu'ils prirent, observèrent bien ces parts : ils[3] envoyèrent les colonies, cultivèrent leur relation avec les moins puissants sans accroître leur puissance, abaissèrent les puissants et ne

1. Cf. *Discours*, II, 6 et *Histoires florentines*, II, 1. **2.** Sources : Tite-Live, *Histoire romaine*, XXVI, 24 et peut-être Polybe, *Histoires*, XX. Machiavel relate l'événement de manière simplifiée — ce qui importe est la thèse à démontrer et non l'exactitude historique. **3.** S. Martelli souligne que G. Inglese, contre la leçon des mss. réintroduit ici le sujet de la proposition « ils ».

laissèrent pas de puissants étrangers acquérir de la réputation. Et je veux que la seule province de Grèce me suffise pour exemple. Ils entretinrent leur relation avec les Achéens et les Étoliens, le royaume de Macédoine fut abaissé, Antiochus fut chassé ; et jamais les mérites des Achéens ou des Étoliens ne firent qu'ils leur permissent d'étendre un état, pas plus que les persuasions de Philippe ne les induisirent jamais à être ses amis sans l'abaisser, et la puissance d'Antiochus ne put les faire consentir qu'il tînt un état dans cette province[1]. Parce que les Romains firent dans ces cas ce que tous les princes sages doivent faire ; non seulement ceux-ci doivent prendre garde aux scandales présents, mais aussi aux futurs, et s'opposer à ces derniers avec toute leur industrie, parce que si on les prévoit de loin, on y remédie facilement, mais si tu attends qu'ils s'approchent de toi, la médecine n'intervient pas à temps, parce que la maladie est devenue incurable ; et il advient de celle-ci, comme disent les médecins à propos du phtisique, qu'au début son mal est facile à soigner et difficile à reconnaître, mais avec le temps qui passe, dès lors qu'au début il n'a été ni reconnu ni soigné, il devient facile à reconnaître et difficile à soigner[2]. Ainsi advient-il dans les choses de l'état, parce qu'en reconnaissant de loin — ce qui n'est donné qu'à un homme prudent — les maux qui naissent dans celui-ci, on les guérit vite, mais quand, pour ne pas les avoir pas reconnus, on les laisse croître de telle sorte que chacun les reconnaisse, il n'y a plus de remède.

C'est pourquoi les Romains, voyant de loin les inconvénients, y remédièrent toujours et ne les laissèrent jamais se développer pour fuir une guerre, parce qu'ils savaient qu'on n'évite pas la guerre, mais qu'on la diffère à l'avantage d'autrui ; c'est pourquoi ils voulurent faire la guerre avec Philippe et Antiochus en Grèce, pour ne pas avoir à la faire avec eux en Italie ; et ils pouvaient alors fuir l'une et l'autre, ce qu'ils ne voulurent pas. Et jamais ne leur plut ce

---

1. Source : Tite-Live, *Histoire romaine*, XXXII, 19-22 ; XXXIII, XXXVI. **2.** Propos quasi proverbial à l'époque de Machiavel. Cf. Ovide, *Remedia amoris*, 91.

qui est chaque jour dans la bouche des sages de notre temps, de jouir du bénéfice du temps, mais bien plutôt leur plut celui de leur vertu et de leur prudence, parce que le temps chasse devant lui toute chose et peut conduire avec lui le bien comme le mal et le mal comme le bien [1].

Mais tournons-nous vers la France et examinons si, des choses susdites, elle en a fait quelqu'une ; et je parlerai de Louis, et non de Charles [2], comme de celui dont on a mieux vu les succès, pour ce qu'il a tenu une possession en Italie plus longuement et vous verrez qu'il a fait le contraire des choses qu'il faut faire pour tenir un état dans une province dissemblable [3]. Le roi Louis fut mis en Italie par l'ambition des Vénitiens, qui voulurent se gagner la moitié de l'état de Lombardie grâce à cette venue. Je ne veux pas blâmer ce parti pris par le roi, parce que, voulant commencer à mettre un pied en Italie et n'ayant pas d'amis dans cette province, toutes les portes lui étant au contraire fermées par les agissements du roi Charles, il fut dans la nécessité de prendre les amitiés qu'il pouvait et ce parti, bien pris, lui aurait réussi s'il n'avait pas commis quelque erreur dans les autres manœuvres. Le roi regagna donc, la Lombardie acquise, la réputation [4] que lui avait enlevée Charles. Gênes céda, les Florentins devinrent ses amis, le marquis de Mantoue, le duc de Ferrare, les Bentivoglio, Madame de Furlì, les seigneurs de Faenza, de Rimini et de Pesaro, de Camireno, de Piombino, les Lucquois, les Pisans, les Siennois, tous firent sa rencontre pour être son ami. Et les Vénitiens qui, pour acquérir deux villes [5] en Lombardie, firent le roi seigneur des deux tiers de l'Italie, purent à ce moment considérer la témérité de leur parti pris. Que chacun considère maintenant qu'avec bien peu de difficultés le roi pouvait tenir sa

---

1. Machiavel critique ici un des principes majeurs de la politique extérieure florentine, à l'époque où il officie comme secrétaire de la Chancellerie. **2.** Charles VIII passa les Alpes en 1494, mais battit en retraite dès 1495. **3.** Cf. la lettre du 21 novembre 1500. **4.** Apparaît ici le thème de la réputation (cf. chap. 15-21), sans laquelle la conquête et le maintien au pouvoir sont difficiles, voire impossibles. **5.** Le terme italien *terra* renvoie à la cité ; nous le traduisons par « ville » et conservons le terme « cité » pour *città*.

réputation en Italie, s'il avait observé les règles écrites ci-dessus et tenu en sécurité et défendu tous ceux de ses amis qui, pour être en grand nombre et faibles et peureux, qui de l'Église, qui des Vénitiens, étaient toujours dans la nécessité de rester avec lui [1] ; et par leur moyen, il pouvait facilement s'assurer de qui restait grand. Mais il ne fut pas plus tôt à Milan qu'il fit le contraire, donnant de l'aide au pape Alexandre [2] pour qu'il occupât la Romagne ; et il ne s'aperçut pas qu'avec cette décision, il s'affaiblissait, éloignant [3] ses amis et ceux qui s'étaient jetés dans son giron, et il rendait l'Église grande, ajoutant au spirituel, qui lui donne tant d'autorité, tant de temporel. Et une première erreur faite, il fut contraint de poursuivre, au point que, pour mettre un terme à l'ambition d'Alexandre et pour qu'il ne devienne pas le seigneur de Toscane, il fut contraint de venir en Italie [4]. Il ne lui suffit pas d'avoir rendu l'Église grande et d'avoir éloigné ses amis ; ayant voulu le royaume de Naples, il le partagea avec le roi d'Espagne et tandis qu'il était auparavant le premier arbitre en Italie, il y mit un compagnon, afin que les ambitieux de cette province et ceux qui étaient mécontents de lui eussent un recours ; et alors qu'il pouvait laisser dans ce royaume un roi qui fût son tributaire, il l'en tira pour y mettre quelqu'un qui pût l'en chasser [5]. C'est chose vraiment très naturelle et ordinaire que de désirer acquérir et toujours, quand le font les hommes qui peuvent, ils seront loués et non blâmés ; mais quand ils ne peuvent, mais veulent le faire de toute manière, là est l'erreur et le blâme. Si donc la France pouvait assaillir Naples avec ses forces, elle devait le faire, si elle ne pouvait pas, elle ne

1. Cf. la lettre du 21 novembre 1500. **2.** Rodrigue Borgia, d'ascendance espagnole, fait cardinal à partir de 1456 par son oncle le pape Calixte III. Il eut plusieurs enfants, dont César et Lucrèce. Il devint le pape Alexandre VI (1492-1503). Lors de cet épisode, le roi de France demeura en réalité neutre, mais favorisa ainsi ses ambitions. **3.** Nous traduisons exceptionnellement le verbe *togliersi* par « éloigner ». **4.** Machiavel relate les événements selon les besoins de son argumentation : Louis XII est en fait venu pour préparer la guerre contre les Espagnols. **5.** Le traité de Grenade, de 1500, partage le royaume de Naples entre Ferdinand d'Espagne et Louis XII, qui se le disputent à partir de 1502, au détriment de ce dernier, chassé en 1503.

devait pas le partager ; et si le partage de la Lombardie qu'elle fit avec les Vénitiens mérita d'être excusé, pour avoir mis le pied en Italie grâce à lui, celui-ci mérite le blâme, pour n'être pas excusé par la même nécessité.

Louis avait donc fait ces cinq erreurs. Il avait anéanti les moins puissants, il avait accru la puissance d'un puissant, il avait mis en Italie un étranger très puissant, il n'était pas venu y habiter, il n'y avait pas mis de colonie. Ces erreurs, lui vivant, pouvaient encore ne pas l'offenser, s'il n'avait fait la sixième, d'enlever leur état aux Vénitiens[1]. Parce que s'il n'avait pas rendu l'Église grande ni mis l'Espagne en Italie, il était conforme à la raison et nécessaire qu'il les abaissât ; mais ayant pris ces premiers partis, il ne devait jamais consentir à leur ruine : parce que ceux-ci étant puissants, ils auraient toujours tenu les autres loin de l'entreprise de Lombardie, aussi bien parce que les Vénitiens n'y auraient jamais consenti sans en devenir les seigneurs que parce que les autres n'auraient pas voulu la prendre à la France pour la leur donner ; et ils n'auraient pas eu la force d'esprit de les affronter toutes les deux. Et si quelqu'un disait « le roi Louis a cédé à Alexandre la Romagne et à l'Espagne le Royaume pour fuir une guerre[2] », je réponds avec les raisons susdites qu'on ne doit jamais laisser s'ensuivre un désordre pour fuir une guerre, parce qu'on ne la fuit pas, mais on la diffère à son désavantage. Et si quelques autres alléguaient la foi que le roi avait donnée au pape de mener pour lui cette entreprise en vue de la résiliation de son mariage et le chapeau de Rouen[3], je réponds avec ce que je dirai ci-dessous à propos de la foi des princes et comment elle doit s'observer.

---

1. Les Vénitiens perdirent leurs possessions en 1509, défaits par la ligue de Cambrai organisée par Jules II en 1508. **2.** Il s'agirait d'une guerre contre Maximilien I (1459-1519), empereur du Saint Empire romain germanique à partir de 1493. **3.** Louis XII souhaitait se séparer de Jeanne pour se remarier avec Anne de Bretagne, veuve de Charles VIII ; Georges d'Amboise (1460-1510), archevêque de Rouen, mais aussi guide de la politique de Louis XII, devient cardinal en 1498.

Le roi Louis a donc perdu la Lombardie pour n'avoir observé aucun des termes observés par ceux qui ont pris des provinces et ont voulu les tenir, et il n'y a là nul miracle, mais tout est très ordinaire et selon ce que veut la raison. Et de cette matière, je parlai à Nantes avec Rouen, au moment où le Valentinois — c'est ainsi qu'était communément appelé César Borgia, fils du pape Alexandre — occupait la Romagne ; parce qu'au cardinal de Rouen qui me disait que les Italiens ne comprenaient rien à la guerre, je répondis que les Français ne comprenaient rien à l'état, parce que s'ils y comprenaient quelque chose, ils ne laisseraient pas l'Église en venir à une telle grandeur[1]. Et, d'expérience, on voit que la grandeur de celle-ci et de l'Espagne en Italie a été causée par la France, et que sa ruine a été causée par elles. De quoi on tire une règle générale, qui n'est jamais erronée ou rarement, selon laquelle qui est cause qu'un autre devient puissant va à sa ruine, parce que cette puissance est causée par lui ou par industrie ou par force, et l'une et l'autre de ces deux-là sont suspectes à qui est devenu puissant[2].

4

Pourquoi le royaume de Darius, qu'avait occupé Alexandre, ne se rebella pas, après la mort d'Alexandre, contre ses successeurs

Une fois considérées les difficultés que l'on a à tenir un état nouvellement occupé, d'aucuns pourraient s'étonner qu'Alexandre le Grand devînt seigneur de l'Asie en peu

---

1. Machiavel alla à Nantes en 1500, lors de sa première mission en France (lettre du 21 novembre 1500). Il évoque ici un personnage central dans sa réflexion : César Borgia (1475-1507), fils d'Alexandre VI, qui devint duc de Valentinois en 1498. **2.** La correspondance entre Machiavel et F. Vettori développe également de telles analyses politiques sur les guerres d'Italie.

d'années et, l'ayant à peine occupée, mourut ; de là, la raison paraissait vouloir que tout cet état se rebellât[1]. Néanmoins les successeurs d'Alexandre se le maintinrent et n'eurent, pour le tenir, d'autre difficulté que celle qui naquit, entre eux, de leur propre ambition. Je réponds que les principats dont on a la mémoire se trouvent gouvernés selon deux manières diverses — ou par un prince et tous les autres sont serviteurs qui, comme ministres, par sa grâce et sa concession, aident à gouverner ce royaume, ou par un prince et par des barons qui, non par grâce du seigneur, mais par ancienneté du sang, tiennent ce rang. De tels barons ont des états et des sujets propres, qui les reconnaissent pour seigneurs et ont pour eux une affection naturelle. Ces états, qui se gouvernent par un prince et par des serviteurs, ont un prince doté de plus d'autorité, car en toute sa province, il n'est d'homme qui ne reconnaisse un supérieur, sinon lui, et s'ils obéissent à quelqu'un d'autre, ils le font à l'égard d'un ministre et officier, et à lui, ils vouent un amour particulier.

Les exemples de ces deux gouvernements divers sont, de notre temps, le Turc et le roi de France. Toute la monarchie[2] du Turc est gouvernée par un seul seigneur, les autres sont ses serviteurs et, divisant son royaume en sandjaks, il y envoie divers administrateurs et les transfère et les change comme bon lui semble. Mais le roi de France est placé au milieu d'un grand nombre de seigneurs anciens en cet état, reconnus de leurs sujets et aimés par eux ; ils ont leurs privilèges, le roi ne peut les leur enlever sans péril pour lui. Qui donc considère l'un et l'autre de ces états trouvera de la difficulté dans l'acquisition de l'état du Turc, mais si celui-ci est vaincu, grande facilité à le tenir. Tout au contraire, il trouvera à quelques égards plus de facilité à pouvoir occuper le royaume de France, mais une grande difficulté à le tenir.

---

1. La période de la conquête s'étala de 334 à 327 av. J.-C. Sur Alexandre, cf. *Discours*, I, 1, 20, 58 ; II, 8, 10, 27, 31 ; III, 6, 13.

2. Le terme *monarchia* n'est pas synonyme de *principato*. Machiavel l'emploie dans *Le Prince* pour désigner le gouvernement turc, sans l'inscrire pour autant dans une classification des formes de gouvernement.

Les causes des difficultés, pour pouvoir occuper le royaume du Turc, résident dans le fait de ne pouvoir être appelé par les princes de ce royaume ni espérer pouvoir faciliter ton entreprise par la rébellion de ceux qu'il a autour de lui ; ce qui naît des raisons susdites, parce qu'étant tous ses esclaves et ses obligés, on ne peut les corrompre qu'avec beaucoup de difficultés et quand bien même on les corromprait, on ne peut en espérer grand chose d'utile, ceux-ci ne pouvant entraîner les peuples, pour les raisons énoncées. D'où vient qu'il est nécessaire, à qui attaque le Turc, de penser qu'on le trouvera tout uni et qu'il convient d'espérer plus en ses forces propres que dans les désordres d'autrui. Mais s'il était vaincu et mis en déroute en campagne, de telle manière qu'il ne puisse remettre des armées sur pied, il ne faut rien redouter d'autre que le sang du prince ; celui-ci anéanti, il ne reste personne à craindre, les autres n'ayant pas de crédit auprès des peuples, et tout comme le vainqueur avant la victoire ne pouvait placer d'espoir en eux, de même, il ne doit pas après elle les craindre.

Il advient le contraire dans les royaumes gouvernés comme celui de France parce qu'avec facilité tu peux y entrer en te gagnant quelque baron du royaume ; parce qu'on trouve toujours des mécontents et des individus qui désirent innover. Ceux-ci, pour les raisons susdites, peuvent t'ouvrir la voie de cet état et te faciliter la victoire ; qui après, à vouloir te maintenir, entraîne à sa suite d'infinies difficultés et avec ceux qui t'ont aidé et avec ceux que tu as opprimés. Et il ne te suffit pas d'anéantir le sang du prince parce qu'y demeurent ces seigneurs qui prennent la tête des nouvelles transformations, et ne pouvant ni les contenter, ni les anéantir, tu perds cet état à la première occasion venue.

Maintenant, si vous considérez de quelle nature de gouvernement était celui de Darius[2], vous le trouverez semblable au royaume du Turc ; c'est pourquoi il fut

---

1. Cf. *Portrait des choses de France* (1510). **2.** Darius III, roi de Perse, cf. *Discours*, II, 10.

nécessaire à Alexandre de l'affronter d'abord tout entier et de lui enlever la campagne. Après une telle victoire, Darius étant tué, cet état, pour les raisons dont on a discouru ci-dessus, demeura, sûr, à Alexandre et ses successeurs, s'ils avaient été unis, pouvaient en jouir dans le loisir et il ne naquit en ce royaume d'autres tumultes que ceux qu'eux-mêmes suscitèrent. Mais les états ordonnés comme celui de France, il est impossible de les posséder avec une telle tranquillité. De là naquirent les nombreuses rébellions d'Espagne, de France et de Grèce contre les Romains, à cause des nombreux principats qui étaient dans ces états ; tant qu'en dura la mémoire, Rome fut toujours incertaine de cette possession. Mais une fois anéantie la mémoire de ceux-ci, ils en devinrent, avec la puissance et la longue durée de l'empire, les sûrs possesseurs, et chacun de ceux qui combattirent ensuite entre eux put entraîner à sa suite une part de ces provinces, selon l'autorité qu'il y avait prise au-dedans ; et celles-ci, le sang de leurs anciens seigneurs étant anéanti, ne reconnaissaient personne d'autre que les Romains[1]. Toutes ces choses étant donc considérées, personne ne s'étonnera de la facilité qu'eut Alexandre à tenir l'état d'Asie et des difficultés qu'ont eues les autres, comme Pyrrhus[2] et beaucoup d'autres, à conserver l'acquisition, ce qui ne provient pas de la petite ou grande vertu du vainqueur, mais de la dissemblance du sujet[3].

---

1. Pour illustrer les effets de la mémoire et de l'oubli, Machiavel évoque les révoltes contre Rome en Ibérie, en Gaule et en Grèce (du IIe siècle av. J.-C. au Ier après J.-C.), puis les guerres civiles romaines (du consulat de Sylla à la victoire d'Octave Auguste). **2.** Pyrrhus (319-272 av. J.-C), roi d'Épire ; source éventuelle : Justin, *Histoire naturelle*, XVI, 2-3 ; XVIII, 1-2 ; XXV, 3-5. Cf. à son propos *Discours*, II, 1 et III, 20, 21. **3.** Machiavel invite ici à considérer la particularité des cas analysés et non des causes générales.

5

Comment doivent être administrés les cités ou les principats qui, avant d'être occupés, vivaient selon leurs lois

Quand ces états, qui s'acquièrent comme il est dit, sont accoutumés à vivre selon leurs lois et en liberté [1], à vouloir les tenir, il y a trois manières — la première, les ruiner ; l'autre, aller y habiter personnellement ; la troisième, les laisser vivre selon leurs lois, en en tirant une pension et en y créant un état du petit nombre, qui te le conservera ami, parce que, cet état étant créé par ce prince, il sait qu'il ne peut durer sans son amitié et sa puissance et doit tout faire pour le maintenir ; et on tient une cité habituée à vivre libre plus facilement par le moyen de ses citoyens que par aucun autre, si on veut la préserver.

Comme exemples, il y a les Spartiates et les Romains. Les Spartiates tinrent Athènes et Thèbes en y créant un état du petit nombre, cependant ils les reperdirent. Les Romains, pour tenir Capoue, Carthage et Numance, les détruisirent et ne les perdirent pas ; ils voulurent tenir la Grèce presque comme la tinrent les Spartiates, en la rendant libre et en lui laissant ses lois, et cela ne leur réussit pas [2], de telle sorte qu'ils furent contraints de détruire de nombreuses cités de cette province pour la tenir. Parce qu'en vérité, il n'y a pas de manière sûre de les posséder

---

1. Le terme de liberté signifie l'indépendance de la cité, quelle que soit la forme de son gouvernement, mais aussi la forme spécifiquement républicaine du gouvernement. D'autre part, à travers l'expression *vivere libero* (employée sous une forme verbale ou susbtantivée), on comprend qu'une république tient à ses institutions, mais aussi aux mœurs de ses citoyens et à une expérience effective de la liberté.
2. Gouvernement des Trente Tyrans à Athènes en 404 av. J.-C. et gouvernement oligarchique à Thèbes en 382 av. J.-C. La liberté fut donnée à la Grèce par les Romains après la victoire sur Philippe de Macédoine (197 av. J.-C.). Capoue fut privée de ses grandes familles et de tout pouvoir (211), Carthage (146) et Numance (133) furent rasées.

sinon la ruine ; et qui devient patron [1] d'une cité accoutumée à vivre libre, s'il ne la détruit pas, qu'il s'attende à être détruit par elle, parce qu'elle a toujours pour abri, dans la rébellion, le nom de la liberté et ses ordres anciens, qui jamais, ni par la longueur du temps, ni les bienfaits, ne s'oublient [2]. Et quoi qu'on fasse ou qu'on y pourvoit, si les habitants ne se désunissent ou ne se dispersent pas, ils n'oublient pas ce nom ni ces ordres et ils y recourent tout de suite lors de chaque accident, comme fit Pise après avoir été placée cent ans sous la servitude des Florentins [3].

Mais quand les cités ou les provinces sont habituées à vivre sous un prince et que ce sang est anéanti, étant d'une part habituées à obéir, de l'autre n'ayant pas le vieux prince, elles ne s'accordent pas entre elles pour en faire un ; vivre libres, elles ne savent pas, de manière qu'elles tardent plus à prendre les armes et qu'un prince peut plus facilement se les gagner et s'en assurer. Mais dans les républiques, il y a plus de vie, plus de haine, plus de désir de vengeance ; la mémoire de leur ancienne liberté ne les laisse pas, ni ne peut les laisser se reposer, de telle sorte que la voie la plus sûre est de les anéantir, ou d'y habiter [4].

---

1. Machiavel importe du champ économique certains termes : *patrone* — patron — ; *farne capitale* — en faire un capital (chap. 14), *spendere <le amicizie>* — dépenser — (chap. 17). **2.** L'expression « nom de la liberté » doit être soulignée. Le lecteur contemporain de Machiavel voit dans Florence une illustration immédiate de cet attachement à la liberté, qui transcende les divisions internes à la cité. Cf. F. Guicciardini, *Dialogue sur la façon de régir Florence*. Le nom comme tel joue un rôle fédérateur : grands et peuple y sont attachés, alors même qu'ils n'entendent pas la même chose par ce terme et s'opposent. **3.** L'exemple n'est pas anodin. Il a une portée forte pour le lecteur florentin du début du XVe siècle. Pise, soumise à Florence depuis 1406, se rebella en 1494, à l'occasion du passage de Charles VIII en Italie. Machiavel, comme secrétaire des Dix, participa activement à la reconquête de la cité rebelle, qui s'étala sur 15 ans (cf. *Discours aux Dix sur les affaires de Pise*, 1499). **4.** Les *Discours*, I, 16 à 18, enrichissent la réflexion à ce sujet, en introduisant la considération du degré de corruption de la cité et celle du passage de la république au principat, en cas de grande corruption. Le chap. II, 2 évoque l'obstination des peuples conquis par Rome à défendre leur liberté. Le chap. I, 4 éclaire la vitalité des républiques, fondée sur la dynamique du conflit civil, et les chap. I, 16 ; II, 2 ; III, 7 le rôle de la vengeance.

6

Des principats nouveaux qu'on acquiert avec les armes propres et la vertu

Que personne ne s'étonne si, lorsque je parlerai des principats entièrement nouveaux, et quant au prince et quant à l'état, j'allèguerai de très grands exemples. Parce que les hommes cheminant toujours sur les voies battues par d'autres et procédant dans leurs actions par imitation, comme on ne peut suivre entièrement les voies des autres, ni atteindre la vertu de ceux que tu imites [1], un homme prudent doit toujours s'engager sur des voies battues par de grands hommes et imiter ceux qui ont été très excellents — afin que, si sa vertu n'y arrive pas, au moins en rende-t-elle quelque odeur — et faire comme les archers prudents qui, le lieu qu'ils ont le dessein de toucher leur paraissant trop loin, et connaissant jusqu'où va la vertu de leur arc, placent le point de mire beaucoup plus haut que le lieu destiné, non pour atteindre une telle hauteur avec leur flèche, mais pour pouvoir à l'aide d'un si haut point de mire parvenir à leur dessein [2].

Je dis donc que dans les principats entièrement nouveaux, où il y aurait un nouveau prince, on trouve à les maintenir plus ou moins de difficultés selon qu'est plus ou moins vertueux celui qui les acquiert. Et parce que cet événement, d'homme privé, devenir prince, présuppose

---

1. Anacoluthe. **2.** Machiavel s'interroge sur les fondements et les modalités de l'imitation très tôt (cf. *De la façon de traiter les peuples de la Vallée de la Chiana*, 1503 et les *Caprices à Soderini*, 1506) et poursuit sa réflexion dans les *Discours*, I, Proemio ; II, Proemio. L'imitation n'est pas pour lui reproduction à l'identique du geste des hommes excellents, ce dont ce paragraphe indique au demeurant l'impossibilité. Il s'agit plutôt de penser une imitation créatrice, qui s'inspire de l'excellence du geste, de la capacité à saisir l'occasion, tout en l'adaptant aux circonstances. La figure de l'archer, *topos* de la Renaissance, est notamment présente chez Eschyle, *Suppliantes*, 446, Aristote, *Éthique à Nicomaque*, I, 1, 1094 a, Sénèque, *Lettres à Lucilius*, XV, 94.

ou vertu ou fortune, il paraît que l'une ou l'autre de ces deux choses adoucit en partie de nombreuses difficultés ; néanmoins, celui qui s'est moins reposé sur la fortune s'est davantage maintenu. Que le prince soit contraint, pour n'avoir d'autres états, à venir personnellement y habiter, rend aussi les choses plus faciles.

Mais, pour venir à ceux qui, par leur propre vertu, et non par fortune, sont devenus princes, je dis que les plus excellents sont Moïse, Cyrus, Romulus, Thésée et semblables[1]. Et quoiqu'à propos de Moïse, on ne doive pas raisonner, puisqu'il a été un simple exécuteur des choses qui lui étaient ordonnées par Dieu, cependant, il doit être admiré, au moins pour cette grâce qui le rendait digne de parler avec Dieu. Mais une fois considérés Cyrus et les autres, qui ont acquis ou fondé des royaumes, vous les trouverez tous admirables et si l'on considère leurs actions et ordres particuliers, ils n'apparaissent pas disproportionnés par rapport à ceux de Moïse, qui eut un si grand précepteur. Et en examinant leurs actions et leur vie, on ne voit pas qu'ils eurent de la fortune autre chose que l'occasion, qui leur donna la matière pour pouvoir y introduire cette forme qui leur parut bonne et sans cette occasion, la vertu de leur esprit se serait éteinte, et sans cette vertu, l'occasion serait venue en vain. Il était donc nécessaire à Moïse de trouver le peuple d'Israël en Égypte esclave et opprimé par les Égyptiens afin qu'ils se disposent à le suivre pour sortir de la servitude. A vouloir qu'il devienne roi de Rome et fondateur de cette patrie[2], il convenait que Romulus ne trouvât place en Albe

---

1. Cyrus est considéré comme le fondateur de l'Empire perse, cf. aussi les chap. 14, 16 et 26 et *Discours*, II, 12, 13 ; III, 20, 22, 39. Thésée, selon le mythe, est le fondateur d'Athènes. Romulus, selon la légende, fonda Rome après avoir tué son frère Rémus en 753 av. J.-C., cf. *Discours*, I, 1, 2, 9-11, 19, 49 ; III, 1. Moïse, personnage de l'Histoire sainte, libère le peuple hébreu (Exode), cf. *Discours*, I, 1, 9 ; II, 8 ; III, 30. Machiavel, tout en prétendant ne pas parler de lui, propose une interprétation dans le « temporel » de ses faits et gestes, comme il le fera au chapitre 11 à propos du pouvoir acquis par la papauté. **2.** « Patrie », terme important dans la langue de Machiavel. C'est envers elle que le citoyen peut nourrir un attachement tel qu'il préfère son salut et sa gloire plutôt que sa propre vie (*Histoires florentines*, III, 7, et lettre à F. Guicciardini du 16 avril 1527). Le chap. 26,

et fût exposé à la naissance. Il fallait que Cyrus trouvât les Perses mécontents du pouvoir des Mèdes et les Mèdes mous et efféminés par la longue paix. Thésée ne pouvait manifester sa vertu sans trouver les Athéniens dispersés [1]. Ces occasions ont, par conséquent, rendu ces hommes heureux, tandis que leur excellente vertu a fait connaître cette occasion ; d'où vient que leur patrie en fut ennoblie et devint très heureuse.

Ceux qui, par des voies vertueuses, semblables à ceux-ci, deviennent princes, acquièrent le principat difficilement, mais le tiennent facilement, et les difficultés qu'ils ont dans l'acquisition du principat naissent en partie des nouveaux ordres et manières qu'ils sont forcés d'introduire pour fonder leur état et leur sécurité. Et on doit considérer qu'il n'y a chose plus difficile à traiter, ni plus douteuse à réussir, ni plus dangereuse à manœuvrer que de prendre l'initiative d'introduire de nouveaux ordres [2]. Parce que celui qui les introduit a pour ennemis tous ceux qui tirent avantage des vieux ordres et pour tièdes défenseurs tous ceux qui tireraient avantage des nouveaux ordres — tiédeur qui naît en partie de la peur des adversaires, qui ont les lois de leur côté, en partie de l'incrédulité des hommes, qui ne croient pas, en vérité, aux choses nouvelles, à moins d'en voir advenue une ferme expérience. D'où vient que toutes les fois que ceux qui sont ennemis ont l'occasion d'attaquer, ils le font avec l'esprit de parti, et ces autres défendent avec tiédeur : de manière qu'avec eux, on périt.

Il est par conséquent nécessaire, si l'on veut bien discourir de ce sujet, d'examiner si ces innovateurs se tiennent par eux-mêmes ou s'ils dépendent d'autrui — c'est-

---

qui exhorte Laurent de Médicis à libérer l'Italie des barbares, joue sur cet attachement.

1. A l'exception du cas de Romulus, ce développement réapparaît au chap. 26. Sources : pour Moïse, Exode, 1 à 5 ; pour Romulus, Tite-Live, *Histoire romaine*, I, 4 ; pour Cyrus, Justin, *Histoire universelle*, I, 6, Hérodote, *Histoires*, I, 125 et Xénophon, *Cyropédie*, I, 3 ; pour Thésée, Plutarque, *Vie de Thésée*, 24. **2.** Cf. *Discours*, I, 9, 25 et 26 ; III, 30.

à-dire, si, pour mener à bien leur œuvre, il leur faut prier, ou s'ils peuvent vraiment forcer les choses. Dans le premier cas, il leur échoit toujours une mauvaise fin et ils ne mènent rien à bien ; mais quand ils dépendent d'eux-mêmes et peuvent forcer les choses, c'est alors qu'ils périssent rarement ; de là vient que tous les prophètes armés vainquirent et les désarmés sont allés à leur ruine. Parce qu'outre les choses susdites, la nature des peuples varie et il est facile de les persuader d'une chose, mais il est difficile de les faire demeurer en cette persuasion[1] : c'est pourquoi il convient d'être ordonné de manière que, quand ils ne croient plus, on puisse les faire croire de force[2]. Moïse, Cyrus, Thésée et Romulus n'auraient pu leur faire longtemps observer leurs constitutions[3], s'ils avaient été désarmés ; comme il advint dans notre temps à frère Jérôme Savonarole, qui alla à sa ruine avec ses ordres nouveaux, lorsque la multitude commença à ne pas le croire et qu'il n'avait aucune manière pour tenir fermes ceux qui avaient cru, ni pour faire croire ceux qui ne croyaient pas[4]. C'est pourquoi ceux-ci ont de grandes difficultés dans la conduite de leurs affaires ; et tous les périls sont sur leur voie et il convient qu'ils en triomphent par la vertu. Mais une fois qu'ils en ont triomphé et qu'ils

---

1. La pensée de Machiavel sur la nature du peuple est complexe ; à l'inverse de ses contemporains ou prédécesseurs, il n'expose pas une vision exclusivement négative et critique de ce dernier. Cf. chap. 9 et *Discours*, I, 5, 58. **2.** Cf. Aristote, *Politiques*, 1314 a 35 : « ... *de même, le salut de la tyrannie sera de rapprocher son pouvoir de la royauté, ne gardant qu'une seule chose, la puissance de gouverner avec aussi bien que sans le consentement des sujets, car renoncer à cela c'est renoncer à être tyran* », tr. P. Pellegrin, GF Flammarion, 1993, p. 400. **3.** Emploi rare du terme *costituzione* dans l'œuvre de Machiavel, qui renvoie aux lois fondamentales d'une cité et n'est pas synonyme du terme *ordine*. **4.** Jérôme Savonarole (1452-1498) exerça à Florence une influence religieuse et politique déterminante. Il prêchait contre la corruption morale des habitants de Florence et de l'Église, associant le futur de la cité, nouvelle Jérusalem, à sa rédemption morale. Il finira pendu et brûlé sur la place publique en 1498. Machiavel n'a pas un jugement univoque sur ce personnage, qui a partagé ses questions sur la réforme de la cité florentine, à défaut des réponses. Cf. *Première Décennale*, vers 154-165, et *Discours*, I, 2, 45.

commencent à être respectés, ayant anéanti ceux qui nourrissaient de l'envie envers leur qualité, ils demeurent puissants, en sécurité, honorés et heureux.

A de si hauts exemples, je veux ajouter un exemple moindre ; mais il aura bien quelque proportion avec ceux-là et je veux qu'il me suffise pour tous les autres semblables, et celui-ci est Hiéron de Syracuse[1]. Celui-ci, d'homme privé, devint prince de Syracuse, et il ne connut lui aussi de la fortune que l'occasion, parce que les Syracusains, étant opprimés, l'élirent comme leur capitaine, d'où il mérita d'être fait leur prince. Et il fut d'une telle vertu, même dans la fortune privée, qu'à son propos, qui écrit dit qu'il ne lui manquait rien pour régner hormis un royaume. Cet homme anéantit la vieille milice, ordonna la nouvelle ; il abandonna les anciennes amitiés, en prit de nouvelles ; et quand il eut des amitiés et des soldats qui étaient siens, il put, sur un tel fondement, édifier chaque édifice, si bien qu'il endura une grande fatigue dans l'acquisition et peu dans le maintien.

7

Des principats nouveaux que l'on acquiert par les armes d'autrui et la fortune

Ceux qui deviennent, d'hommes privés, princes, seulement par la fortune, le deviennent avec peu de fatigue, mais se maintiennent avec beaucoup ; et ils n'ont aucune difficulté en chemin, parce qu'ils y volent, mais toutes les difficultés naissent quand ils sont en place. Et ceux-ci apparaissent quand un état est accordé ou pour de l'argent ou par la grâce de qui le concède, comme il advint de

---

1. Hiéron II (306-215 av. J.-C.) : stratège puis tyran de Syracuse, soumis par les Romains en 263. Sources : Polybe, *Histoires*, I, 8-9 et 16 et Justin, *Histoire universelle*, XXIII, 4.

beaucoup en Grèce, dans les cités de l'Ionie et de l'Hellespont, où ils furent faits princes par Darius, afin qu'ils les tinssent pour sa sécurité et sa gloire[1] ; comme aussi étaient faits ces empereurs qui, d'hommes privés, parvenaient au pouvoir, par la corruption des soldats. Ceux-ci existent simplement par la volonté et la fortune de qui le leur a accordé, qui sont deux choses très inconstantes et instables, et ils ne savent ni ne peuvent tenir ce rang ; ils ne savent, parce que s'il n'est homme de grand génie et de grande vertu, la raison ne veut pas qu'ayant toujours vécu dans une fortune privée, il sache commander ; ils ne peuvent, parce qu'ils n'ont pas les forces qui pourraient leur être amies et fidèles. Ensuite, les états qui viennent tout de suite, comme toutes les autres choses de la nature qui naissent et croissent vite, ne peuvent avoir leurs racines et leurs réseaux de telle manière que le premier temps adverse ne les anéantisse — à moins que ceux-ci, comme il est dit, qui sont devenus soudainement princes, ne soient d'une telle vertu qu'ils sachent tout de suite se préparer à conserver ce que la fortune a mis dans leur giron, et que ces fondements, que les autres ont bâtis avant qu'ils ne deviennent princes, ils les bâtissent ensuite[2].

Je veux ajouter, à l'une et l'autre de ces manières susdites pour devenir prince par vertu ou par fortune, deux exemples qui viennent des jours que nous avons en mémoire et ceux-ci sont Francesco Sforza et César Borgia. Francesco, avec les moyens dus et avec sa grande vertu, d'homme privé, devint duc de Milan, et ce qu'avec mille angoisses il avait acquis, avec peu de fatigue, il le maintint. D'autre part, César Borgia, appelé par le vulgaire duc de Valentinois, acquit l'état avec la fortune du père et avec celle-ci le perdit, bien qu'il mît tout en œuvre et fît toutes les choses qu'un homme prudent et vertueux devait faire pour s'enraciner dans ces états que les armes

---

1. Machiavel fait allusion aux cités de Mytilène et de Lemnos. Source : Hérodote, *Histoires*, V, 11 et 27. **2.** La métaphore de la croissance naturelle va de pair avec le champ lexical de la construction et le réseau des métaphores médicales.

et la fortune d'autrui lui avaient accordés. Parce que, comme il est dit ci-dessus, qui ne bâtit pas des fondements avant, pourrait, avec une grande vertu, les bâtir après, encore qu'on les bâtisse non sans désagrément pour l'architecte ni sans péril pour l'édifice. Si l'on considère donc tous les succès du duc, on verra qu'il a bâti de grands fondements pour sa puissance future et de ceux-ci, je ne juge pas superflu de discourir, parce que, pour ma part, je ne saurais quels meilleurs préceptes donner à un prince nouveau que l'exemple de ses actions ; et si ses ordres ne lui profitèrent pas, ce ne fut pas par sa faute, parce que cela naquit d'une extraordinaire et extrême malignité de fortune[1].

Alexandre VI, qui voulait rendre grand le duc son fils, avait beaucoup de difficultés présentes et futures. D'abord, il ne voyait aucune voie pour en faire le seigneur de quelque état qui ne fût état de l'Église et, à prendre le parti d'enlever celui de l'Église, il savait que le duc de Milan[2] et les Vénitiens ne le lui consentiraient pas, parce que Faenza et Rimini étaient déjà sous la protection des Vénitiens[3]. Il voyait, outre cela, que les armes d'Italie, et spécialement celles dont il aurait pu se servir, étaient aux mains de ceux qui devaient craindre la grandeur du pape, et c'est pourquoi il ne pouvait pas s'y fier, puisqu'elles étaient toutes aux Orsini et aux Colonna ainsi qu'à leurs complices[4]. Il était donc nécessaire de troubler ces ordres et de mettre du désordre dans les états d'Italie, pour pouvoir, en toute sécurité, devenir le seigneur d'une partie de ceux-ci ; ce qui fut facile, parce qu'il trouva les Vénitiens qui, mus par d'autres causes, s'étaient disposés à faire

---

1. Machiavel établit un parallèle entre l'état de César Borgia et le sien, cf. la Dédicace. **2.** Ludovico Sforza, dit le More (1452-1508), duc de Milan. Estimant que la Romagne faisait partie de sa zone d'influence, il s'opposait à l'extension du pouvoir temporel de la papauté. **3.** *De jure*, ces villes étaient sous l'autorité du pape, mais se trouvaient en réalité sous la protection des Vénitiens. **4.** Les familles nobles des Orsini et des Colonna, rivales pour la domination de Rome et du Latium, s'opposaient au pouvoir de la papauté.

repasser les Français en Italie[1], ce que non seulement il ne contredit pas, mais rendit plus facile avec la résiliation de l'ancien mariage du roi Louis. Le roi passa donc en Italie avec l'aide des Vénitiens et le consentement d'Alexandre : à peine fut-il à Milan que le pape eut de lui des gens pour l'entreprise de Romagne, qui fut assentie grâce à la réputation du roi. Une fois la Romagne acquise et les Colonna abaissés[2], le duc voulant la maintenir et aller de l'avant, deux choses l'en empêchaient : l'une, ses armes qui ne lui paraissaient pas fidèles, l'autre, la volonté de la France — c'est-à-dire que les armes d'Orsini, dont il s'était crédité, viennent à lui manquer, et non seulement qu'elles l'empêchent d'acquérir, mais qu'elles prennent l'acquisition, et aussi que le roi de France ne lui fasse chose semblable. Des Orsini, il en eut une preuve quand, après la prise de Faenza, il attaqua Bologne, car il les vit aller froidement à l'assaut, et quant au roi, il connut son esprit quand, une fois pris le duché d'Urbino, il attaqua la Toscane, entreprise à laquelle le roi lui fit renoncer[3]. C'est pourquoi le duc décida de ne plus dépendre des armes et de la fortune d'autrui ; et premièrement, il affaiblit les partis des Orsini et des Colonna à Rome, parce que tous leurs partisans, lorsqu'ils étaient gentilshommes, il se les gagna en les faisant ses gentilshommes et en leur donnant de grands appointements et il les honora, selon leurs qualités, de commandements et de gouvernements, de manière qu'en peu de mois, dans leurs esprits, l'affection pour leurs partis s'éteignit et se disposa entièrement en faveur du duc. Après cela, il attendit l'oc-

---

1. Les Vénitiens et Louis XII nouèrent une alliance en 1499 pour conquérir et se partager le duché de Milan. **2.** Aux 4 000 Gascons et Suisses, à la solde du pape, s'ajoutèrent 300 lances sous le commandement d'Yves de Tourzel, seigneur d'Alègre. Plusieurs victoires se succédèrent dans cette campagne ; après la chute de Faenza, César Borgia prit le titre de duc de la Romagne. Les Colonna, qui servaient le roi de Naples, Frédéric, furent battus avec lui à Capoue en 1501 et, la même année, Alexandre VI publia une bulle excommuniant les Colonna et leurs alliés, les Savelli. **3.** Vitellozzo Vitelli, qui servait César Borgia, prit Arezzo, et ce dernier partit à l'assaut de Bologne (1501), de Florence (1501) et d'Urbino (1502).

casion d'anéantir les chefs des Orsini, ayant dispersé ceux de la maison Colonna ; elle lui vint bien à propos, et il en usa mieux. Parce que les Orsini, s'étant rendus compte tardivement que la grandeur du duc et de l'Église était leur ruine, se réunirent en une diète à la Magione, dans le territoire de Pérouse[1] ; de celle-ci naquit la rébellion d'Urbino et les tumultes de Romagne et d'infinis périls pour le duc, dont il triompha avec l'aide des Français[2]. Et la réputation lui étant revenue, et comme il ne se fiait ni à la France ni aux autres forces extérieures, il se disposa aux tromperies et il sut si bien dissimuler son esprit que les Orsini se réconcilièrent avec lui, par l'entremise du seigneur Paul — avec lequel le duc ne manqua, pour le rassurer, à nulle sorte d'office[3], lui donnant de l'argent, des vêtements et des chevaux — si bien que leur simplicité les conduisit à Sinigaglia entre ses mains[4].

Ces chefs étant donc anéantis et leurs partisans étant réduits à être ses amis, le duc avait jeté de très bons fondements pour sa puissance, puisqu'il avait toute la Romagne, avec le duché d'Urbino, et qu'il lui paraissait surtout avoir acquis l'amitié de la Romagne et s'être gagné ces peuples, pour ce qu'ils avaient commencé à goûter leur bien-être. Et parce que cette part est digne d'être remarquée et imitée par d'autres, je ne veux pas y renoncer. Une fois que le duc eut pris la Romagne, la trouvant sous le commandement de seigneurs impuis-

---

1. De cette réunion fut issu un pacte entre les Orsini, Vitellozzo Vitelli, Oliverotto da Fermo, Giampaolo Baglioni (Pérouse), les représentants du duc d'Urbino et du seigneur de Sienne, Pandolfo Petrucci. **2.** La rébellion dans le duché d'Urbino débuta avant même la fin de cette réunion. Le terme *tumulti*, qui renvoie d'habitude chez Machiavel au conflit civil, évoque ici les désordres provoqués par des avancées ennemies dans les territoires conquis par César Borgia. **3.** Dans les expressions *essere di qualità*, *non mancare d'ogni ragione*, *qualità* et *ragione* sont traduits par « sorte ». **4.** Vitellozzo, Oliverotto, Paolo et Francesco Orsini furent arrêtés par surprise ; les deux premiers furent étranglés et les autres assassinés. Machiavel, alors en mission à la cour de César Borgia, a relaté la préparation et la mise en œuvre de ce piège dans sa *Description de la manière employée par le duc de Valentinois pour faire tuer Vitellozzo Vitelli, Oliverotto da Fermo, le seigneur Pagolo et le duc de Gravina-Orsini.*

sants, qui avaient plus vite spolié leurs sujets qu'ils ne les avaient corrigés et leur avaient donné matière à désunion, et non à union, si bien que cette province était toute pleine de vols, de chicanes et de toutes les autres sortes d'insolence, il jugea qu'il était nécessaire, si on voulait la réduire à la paix et à l'obéissance du bras royal, de lui donner un bon gouvernement, et c'est pourquoi il y mit à sa tête messire Remirro d'Orca, homme cruel et prompt, à qui il donna plein pouvoir[1]. Celui-ci, en un temps bref, la réduisit à la paix et à l'unité, acquérant une très grande réputation[2]. Ensuite, le duc jugea qu'une autorité si excessive n'était pas nécessaire, parce qu'il craignait qu'elle ne devînt haïssable, et il installa au milieu de la province un tribunal civil, doté d'un président très excellent, où toute cité avait son avocat. Et parce qu'il avait connaissance que les rigueurs passées avaient engendré quelque haine à son égard, afin de purger les esprits de ces peuples et se les gagner entièrement, il voulut montrer que si quelque cruauté s'en était suivie, elle n'était pas causée par lui, mais par l'irascible nature du ministre. Et l'occasion prise là-dessus, il le fit, à Césène, un matin, mettre en deux morceaux sur la place, avec un morceau de bois et un couteau sanglant à côté ; la férocité d'un tel spectacle rendit ces peuples en même temps satisfaits et stupides.

Mais retournons d'où nous partîmes. Je dis que le duc, se trouvant très puissant et en partie assuré contre les périls présents, pour s'être armé à sa manière et avoir anéanti en bonne part les armes qui, voisines, pouvaient l'offenser, il lui restait, voulant acquérir davantage, à avoir égard au roi de France, parce qu'il avait connaissance que le roi, qui s'était tardivement rendu compte de son erreur, ne l'aurait pas supporté. Et il commença, pour cela, à chercher des amitiés nouvelles et à biaiser avec la

---

1. Remirro d'Orca, partisan de César Borgia dès 1498 et Lieutenant de la Romagne à partir de 1501 (cf. lettres aux Dix du 23 décembre 1502 et du 26 décembre 1502, et à F. Vettori du 31 janvier 1515).
2. On lit *con grandissima reputazione* ; nous avons traduit par « acquérant une très grande réputation », pour permettre la compréhension.

France, dans le voyage que firent les Français vers le royaume de Naples, contre les Espagnols qui assiégeaient Gaète ; et son esprit voulait s'assurer d'eux, ce qui lui eût bientôt réussi, si Alexandre eût vécu. Et tels furent ses gouvernements, quant aux choses présentes[1].

Mais quant aux futures, il devait d'abord redouter qu'un nouveau successeur de l'Église ne lui fût pas ami et cherchât à lui enlever ce qu'Alexandre lui avait donné. Ce dont il pensa s'assurer de quatre manières — premièrement, anéantir tous les sangs de ces seigneurs qui l'avaient spolié, pour enlever au pape cette occasion ; deuxièmement, se gagner tous les gentilshommes de Rome, comme il est dit, pour pouvoir freiner le pape ; troisièmement, réduire le Collège[2] à être sien autant qu'il pouvait ; quatrièmement, acquérir tant de pouvoir, avant que le pape ne meure, qu'il puisse par lui-même résister à un premier assaut. De ces quatre choses, à la mort d'Alexandre, il en avait mené trois à bien et la quatrième, il l'avait presque menée à bien, parce que, des seigneurs spoliés, il en tua autant qu'il put en atteindre et très peu se sauvèrent[3], et il s'était gagné les gentilshommes romains[4] ; et il avait dans le Collège un très grand parti ; quant à de nouvelles acquisitions, il avait le dessein de devenir seigneur de Toscane et il possédait déjà Pérouse et Piombino, et, de Pise, il avait pris la protection[5]. Et s'il n'avait dû avoir égard à la France — et il ne devait plus en avoir pour ce que les Français étaient déjà spoliés du Royaume par les Espagnols, en sorte que chacun d'eux était dans la nécessité d'acheter son amitié — il sautait

---

1. Les armées françaises furent défaites à Cérignola (1503), puis à Garigliano (1504). Entre ces deux échecs, le soutien de César Borgia à la France se fit plus lâche. **2.** Le Collège des cardinaux élit le pape. **3.** Machiavel fait allusion à l'assassinat de Astorre Manfredi, de Giulio Cesare Varano et de trois de ses fils ; mais, contrairement à ce qu'il affirme, afin de souligner la réussite de César Borgia, de nombreuses familles échappèrent à cette fin. **4.** Les faits sont déformés au profit de l'argumentation : en réalité, l'opposition se maintint à Rome contre César Borgia, notamment après la mort d'Alexandre VI. **5.** Pérouse fut prise à Baglioni en 1503, Piombino à Iacopo IV Appiani en 1501, et Pise se plaça sous sa protection en 1503.

dans Pise. Après cela, Lucques et Sienne cédaient tout de suite, en partie par envie envers les Florentins, en partie par peur, et les Florentins n'avaient pas de remède. Si cela lui avait réussi — et cela lui réussissait l'année même où Alexandre mourut —, il acquérait tant de force et tant de réputation qu'il se serait soutenu par lui-même et n'aurait plus dépendu de la fortune et des forces d'autrui, mais de sa puissance et de sa vertu.

Mais Alexandre mourut cinq ans après qu'il avait commencé à dégainer l'épée. Il le laissa avec le seul état de Romagne consolidé, avec tous les autres en l'air, et entre deux armées ennemies très puissantes, et malade à l'agonie. Et il y avait dans le duc tant de férocité[1] et tant de vertu et il connaissait si bien comment les hommes se doivent gagner ou perdre, et les fondements qu'il avait bâtis en si peu de temps étaient si solides que, s'il n'avait pas eu ces armées contre lui ou s'il avait été en bonne santé, il aurait fait front à toutes les difficultés. Et que ces fondements fussent bons, cela se vit à ce que la Romagne l'attendit plus d'un mois, qu'à Rome, bien qu'à demi vivant, il fut en sécurité, et, quoique les Baglioni, les Vitelli et les Orsini vinssent à Rome, il ne s'ensuivit rien contre lui ; il put faire pape, sinon qui il voulut, du moins que ne le fût pas celui dont il ne voulait pas. Mais si, à la mort d'Alexandre, il avait été en bonne santé, toute chose lui était facile, et lui me dit[2], dans les jours où fut élu Jules II, qu'il avait pensé à ce qui pouvait advenir, son père mourant, et à tout, il avait trouvé un remède, excepté qu'il ne pensa jamais être aussi sur le point de mourir au moment de la mort de celui-ci.

Ayant donc recueilli toutes les actions du duc, je ne saurais le reprendre ; il me paraît bon au contraire de le montrer à imiter, comme j'ai fait, à tous ceux qui, par fortune ou avec les armes d'autrui, se sont élevés au pouvoir, parce que lui, ayant l'esprit grand et l'intention haute, ne pouvait se gouverner autrement, et seules la

---

1. Il faut comprendre ce terme au sens de « fougue », d'« énergie ».
2. Machiavel, en mission à Rome, eut l'occasion de l'y rencontrer.

brièveté de la vie d'Alexandre et sa maladie s'opposèrent à ses desseins. Qui donc juge nécessaire dans son principat nouveau de s'assurer des ennemis, de se gagner des amis, de vaincre ou par force ou par fraude, de se faire aimer et craindre des peuples, suivre et respecter par les soldats, d'anéantir ceux qui peuvent ou doivent t'offenser, d'introduire de nouvelles manières dans les ordres anciens, d'être sévère et agréable, magnanime et libéral, d'anéantir la milice infidèle, d'en créer une nouvelle, de maintenir les amitiés des rois et des princes de manière qu'ils fassent ton bien avec grâce et t'offensent avec circonspection, ne peut trouver de plus frais exemples que les actions de celui-ci.

On peut seulement l'accuser pour l'élection du pontife Jules, en quoi le duc fit un mauvais choix, parce que, comme il est dit, ne pouvant faire un pape à sa manière, il pouvait empêcher quelqu'un d'être pape ; et il ne devait jamais donner son consentement à la papauté de ces cardinaux qu'il avait offensés ou qui, devenus papes, devaient avoir peur de lui, parce que les hommes offensent ou par peur ou par haine. Ceux qu'il avait offensés étaient, parmi d'autres, Saint-Pierre-ès-Liens, Colonna, Saint-George, Ascanio[1] ; tous les autres devaient, devenus papes, le craindre, excepté Rouen et les Espagnols — ceux-ci par lien et obligation, celui-ci par puissance, comme il avait lié à lui le royaume de France. Par conséquent, le duc devait avant toute chose faire pape un Espagnol : et, ne le pouvant, il devait donner son consentement à Rouen, non à Saint-Pierre-ès-Liens. Et qui croit qu'aux grands personnages, les nouveaux bienfaits font oublier les vieilles atteintes, se trompe[2]. Le duc erra donc en ce choix, et ce fut la cause de sa ruine ultime.

---

1. Saint-Pierre-ès-Liens, grand ennemi du duc ; Giovanni Colonna, Raffaello Riario, Ascanio Sforza, membres des familles qu'il combattait. **2.** Cf. la lettre du 29 août 1513 à F. Vettori et *Discours*, I, 4 et, pour la thèse contraire, la lettre à F. Vettori du 10 août 1513.

8

De ceux qui parviennent au principat par scélératesse

Mais parce que d'homme privé, on devient prince encore de deux manières, qui ne peuvent s'attribuer entièrement ou à la fortune ou à la vertu, il ne me paraît pas bon de renoncer à en parler, encore qu'on puisse raisonner sur l'une plus amplement là où on traiterait des républiques. Ces manières sont, ou lorsque, par quelque voie scélérate et néfaste, on s'élève au principat, ou lorsqu'un citoyen privé, avec la faveur des autres citoyens, devient prince de sa patrie. Et parlant de la première manière, on la montrera à travers deux exemples, l'un ancien, l'autre moderne, sans aborder autrement les aspects de cette partie, parce que je juge qu'ils suffisent, à qui serait dans la nécessité de les imiter.

Agathocle de Sicile[1], de fortune non seulement privée, mais très basse et méprisable, devint roi de Syracuse. Celui-ci, né d'un potier, mena toujours, sur l'échelle de l'âge, une vie scélérate ; néanmoins, il accompagna ses scélératesses de tant de vertu d'esprit et de corps que, s'étant tourné vers la milice, au fil des rangs de celle-ci, il parvint à être prêteur de Syracuse. Établi en ce rang, et ayant décidé de devenir prince et de tenir avec violence et sans obligation envers autrui ce qui lui avait été accordé de plein gré, et, à propos de son dessein, étant d'intelligence avec Hamilcar de Carthage[2], lequel servait

---

1. Agathocle de Sicile (360-288 av. J.-C.) : après s'être fait nommer stratège du peuple, il prit la tête d'un coup d'État en 316 et devint tyran de sa ville. Présenté ici comme un homme scélérat et cruel, il apparaît dans les *Discours*, II, 12 et II, 13, comme un exemple de fraude et III, 6, comme chef de guerre conspirant contre sa patrie. Sources : Justin, *Histoires philippiques* de Trogue Pompée et Diodore de Sicile, *Bibliothèque historique*, XIX, 9. **2.** Machiavel fait référence à un général carthaginois et non à Hamilcar Barca, père d'Hannibal.

en Sicile avec les armées, il rassembla un matin le peuple et le sénat de Syracuse, comme s'il avait eu à décider de choses relatives à la république. D'un signe ordonné d'avance, il fit occire par ses soldats tous les sénateurs et les plus riches du peuple ; ceux-ci morts, il occupa et tint le principat de cette cité sans aucune controverse civile. Et, bien qu'il fût mis en déroute et finalement assiégé par les Carthaginois à deux reprises, il put non seulement défendre sa cité, mais, ayant laissé partie de ses gens à la défense contre le siège, il attaqua l'Afrique et libéra Syracuse du siège en un temps bref et conduisit les Carthaginois à une extrême nécessité ; et ils furent dans la nécessité de s'accorder avec lui, de se contenter de la possession de l'Afrique et de laisser la Sicile à Agathocle[1].

Qui considérerait donc les actions et la vie de cet homme n'y verra pas de choses, ou peu, qu'il puisse attribuer à la fortune, comme il est dit ci-dessus, puisque non par la faveur de quiconque, mais au fil des rangs de la milice, qu'il s'était gagnée au prix de mille désagréments et périls, il parvint au principat, auquel il se maintint ensuite avec tant de partis courageux et très périlleux. On ne peut non plus appeler vertu le fait de tuer ses concitoyens, de trahir ses amis, d'être sans foi, sans piété, sans religion et ces manières peuvent faire acquérir le pouvoir, mais pas la gloire[2]. Parce que, si on considérait la vertu d'Agathocle, lorsqu'il affronte et écarte les périls, et la grandeur de son esprit lorsqu'il supporte et triomphe des adversités, on ne voit pas pourquoi il devrait être jugé inférieur à n'importe quel capitaine très excellent ; néanmoins, sa cruauté atroce et son inhumanité, ainsi que les infinies scélératesses, ne consentent pas à ce qu'il soit

---

1. Agathocle n'obtint en fait qu'une partie de l'île. **2.** Distinction importante entre deux sortes d'hommes vertueux : ceux qui obtiennent la gloire et ceux qui ne l'obtiennent pas pour avoir adopté des manières comparables à celles d'Agathocle. Cf. *Discours*, III, 40 et le chap. 18, qui revient sur l'observation de la parole donnée (la *fede*), la pitié (*pietà*), terme qui désigne un rapport de bienveillance, et la religion (*religione*), qui unit respect des serments et des lois, et crainte de Dieu.

célébré parmi les hommes très excellents. On ne peut donc attribuer à la fortune ou à la vertu ce qui fut obtenu sans l'une ni l'autre.

Dans notre temps, quand Alexandre VI régnait, Liverotto da Fermo[1], étant, plusieurs années auparavant, demeuré sans père, fut élevé par un de ses oncles maternels, appelé Giovanni Fogliani, et donné, dans sa prime jeunesse, pour servir sous Paolo Vitelli, afin que, nourri de cette discipline, il parvienne à quelque rang excellent dans la milice. Par la suite, Paolo mort, il servit sous Vitellozzo, son frère, et en un temps très bref, il devint le premier homme de sa milice, car il était intelligent et gaillard de personne et d'esprit. Mais, se tenir sous autrui lui paraissant chose servile, il pensa occuper Fermo, avec l'aide de quelques citoyens de Fermo, à qui était plus chère la servitude que la liberté de leur patrie, et avec la faveur des Vitelli. Et il écrivit à Giovanni Fogliani qu'ayant été longtemps hors de chez lui, il voulait venir les voir, lui et sa cité, et reconnaître en quelque part son patrimoine ; et parce qu'il ne s'était pas fatigué, sinon pour acquérir son patrimoine de l'honneur, afin que ses concitoyens voient qu'il n'avait pas employé le temps en vain, il voulait venir avec les honneurs et accompagné de cent cavaliers de ses amis et serviteurs ; et il le priait d'ordonner les choses pour qu'il fût reçu honorablement par les habitants de Fermo, ce qui était un honneur non seulement pour lui-même, mais aussi pour lui, puisqu'il était son élève.

Giovanni ne manqua par conséquent à aucun office dû au neveu et, l'ayant fait recevoir honorablement par les habitants de Fermo, il se logea dans sa maison[2] ; où, ayant passé quelques jours et vaqué à ordonner secrètement ce qui était nécessaire à sa future scélératesse, il fit un banquet très solennel, où il invita Giovanni Fogliani et tous les premiers hommes de Fermo. Et lorsque furent consommés les mets et tous les autres divertissements qui

---

1. Oliverotto Eufreducci (1475-1502) : après avoir appris le métier des armes, il soumit pendant un an la cité de Fermo, avant d'être assassiné sur les ordres de César Borgia. **2.** Anacoluthe.

sont en usage en de semblables banquets, Liverotto, de propos délibéré, exposa certains raisonnements à propos de choses graves, parlant de la grandeur du pape Alexandre et de son fils César et de leurs entreprises ; à ces raisonnements, comme Giovanni et les autres répondaient, lui se dressa d'un coup, disant que l'on raisonne de ces choses en un lieu plus secret et il se retira dans une pièce, où Giovanni et tous les autres citoyens allèrent à sa suite. A peine furent-ils placés sur des sièges que, de lieux secrets, sortirent des soldats qui tuèrent Giovanni et tous les autres. Après ce meurtre, Liverotto monta à cheval et courut la terre et assiégea la magistrature suprême dans le palais, si bien que, de peur, ils furent contraints de lui obéir et de former un gouvernement dont il se fit le prince ; et une fois tués tous ceux qui, pour être mécontents, pouvaient l'offenser, il s'affermit avec de nouveaux ordres civils et militaires, de manière que, dans l'espace d'une année où il tint le principat, non seulement il était en sécurité dans la cité de Fermo, mais il était devenu source de peur pour tous ses voisins. Et le prendre d'assaut aurait été difficile, comme dans le cas d'Agathocle, s'il ne s'était pas laissé tromper par César Borgia, quand, à Sinigaglia, comme il fut dit ci-dessus, il prit les Orsini et les Vitelli — où lui aussi fut pris, une année après avoir commis le parricide[1] et avec Vitellozzo, qu'il avait eu pour maître des vertus et des scélératesses, il fut étranglé.

Quelqu'un pourrait douter qu'Agathocle et quelqu'un de semblable, après d'infinies trahisons et cruautés, puisse vivre longuement en sécurité dans sa patrie et se défendre contre les ennemis extérieurs et qu'il ne fasse jamais l'objet d'une conspiration de la part de ses concitoyens, puisque beaucoup d'autres, avec de la cruauté, n'ont pu, même dans les temps pacifiques, maintenir l'état, et encore moins dans les temps redoutables de la guerre. Je crois que cela provient des cruautés mal usées ou bien usées. Bien usées, se peuvent appeler celles — si

1. S. Martelli considère qu'il faut comprendre l'indication de temps *in un anno* au sens de « en moins d'une année » (*in* serait la version abrégée du terme latin *intra*).

du mal il est licite de dire du bien[1] — qui se font d'un coup, par la nécessité de s'assurer et ensuite, on n'y persiste pas, mais on les convertit dans la plus grande utilité possible pour les sujets. Mal usées sont celles qui, encore qu'elles soient en petit nombre au commencement, croissent avec le temps plutôt qu'elles ne s'éteignent[2]. Ceux qui observent la première manière peuvent, avec Dieu et les hommes, avoir quelque remède à leur état, comme eut Agathocle, les autres, il est impossible qu'ils se maintiennent[3].

D'où l'on doit remarquer qu'en prenant un état, son occupant doit discourir de toutes les offenses qu'il lui est nécessaire de faire et toutes les faire d'un coup, pour n'avoir pas à les renouveler chaque jour et pouvoir, en ne les introduisant pas de nouveau, rassurer les hommes et se les gagner par des bienfaits. Qui fait autrement, ou par timidité ou par mauvais conseil, est toujours dans la nécessité de tenir le couteau à la main ; il ne peut jamais se fonder sur ses sujets, ceux-ci ne pouvant jamais s'assurer de lui, à cause des atteintes fraîches et continues[4] ; c'est pourquoi les atteintes doivent se faire toutes ensemble, afin que, moins goûtées, elles offensent moins et les bienfaits doivent se faire peu à peu, afin d'être mieux goûtés. Et un prince doit surtout vivre avec ses sujets de manière qu'aucun accident, en mal ou en bien, ne doive le faire varier, parce que, les nécessités venant dans les temps adverses, il n'est plus temps pour toi de faire le mal, et le bien que tu fais ne te profite pas, parce qu'il est jugé forcé et on ne t'en sait aucun gré[5].

---

1. Prudence ou ironie ? Sans doute ne faut-il pas trancher. On verra ce qu'il en est de l'usage du mal aux chap. 15 et 18, et de la cruauté, au chap. 17. **2.** C'est la seule fois où nous traduisons littéralement le verbe *spegnere* par « éteindre ». **3.** Il apparaît que l'essentiel est de faire un usage réfléchi et mesuré de la cruauté. A ce titre, César Borgia est un exemple et Machiavel y fait référence au chap. 17. **4.** Cf. chap. 20 et *Discours*, I, 45. **5.** Cf. la lettre à F. Vettori du 10 décembre 1513, les *Discours*, I, 32 et les *Histoires florentines*, II, 37.

9

Du principat civil

Mais venant à l'autre manière, quand un citoyen privé, non par scélératesse ou une autre violence intolérable, mais avec la faveur des autres citoyens, devient prince de sa patrie, — celui-ci peut s'appeler principat civil[1]. Pour y parvenir ne sont nécessaires ni la vertu entière ni la fortune entière, mais plutôt une ruse fortunée — je dis qu'on s'élève à ce principat ou avec la faveur du peuple ou avec celle des grands. Parce que dans toute cité se trouvent ces deux humeurs[2] diverses — cela vient de ce que le peuple désire ne pas être commandé ni opprimé des grands, et les grands désirent commander et opprimer le peuple[3] ; et de ces deux appétits divers naît dans la cité un des trois effets — ou principat ou liberté ou licence. Le principat est causé ou par le peuple ou par les grands, selon que l'une ou l'autre de ces parties en a l'occasion, parce que, les grands voyant qu'ils ne peuvent résister au peuple, commencent à donner réputation à l'un d'entre eux et ils le font prince pour pouvoir, dans son ombre, assouvir leur appétit ; le peuple aussi, voyant qu'il ne peut

---

1. L'expression de « principat civil » est problématique, car l'adjectif *civile* renvoie au sens strict au gouvernement de type républicain. On peut lui donner cependant une signification plus large : est civile une manière de faire respectueuse de la loi et dénuée de violence. Dans cette perspective, on comprend pourquoi un principat, lorsqu'il est issu de la faveur des grands ou du peuple, est dit civil : il repose sur une adhésion qui n'est pas forcée. **2.** Un des emprunts les plus significatifs de Machiavel au langage médical en vigueur à son époque. Il désigne les éléments du conflit civil. Les théories physiologiques issues de la médecine grecque transmise à la Renaissance éclairent cet usage : les quatre humeurs, qui sont les éléments secondaires ou intermédiaires du corps, se mélangent dans les corps. La maladie se déclare lorsque leur mélange est déséquilibré. Cf. chap. 19 et *Discours*, I, 4, 5, 7, 8, 37, 39, 40, 45 ; III, 9. **3.** Machiavel ne définit nulle part de manière précise les termes *populo* et *grandi*. Il faut affronter cette difficulté, sans trancher entre une signification socio-économique et une signification politique.

résister aux grands, donne réputation à quelqu'un et il le fait prince pour être défendu sous son autorité [1].

Celui qui vient au principat avec l'aide des grands se maintient avec plus de difficultés que celui qui le devient avec l'aide du peuple, parce qu'il se trouve prince entouré de beaucoup d'hommes qui lui apparaissent être ses égaux, et pour cela, il ne peut ni les commander, ni les manœuvrer à sa manière. Mais celui qui arrive au principat avec la faveur populaire s'y trouve seul, et autour de lui ou n'a personne ou n'a qu'un très petit nombre de gens qui ne soit prêt à obéir. Outre cela, on ne peut avec honnêteté satisfaire les grands, et sans atteintes pour autrui, mais le peuple, certes oui, parce que la fin du peuple est plus honnête que celle des grands, ceux-ci voulant opprimer et celui-ci n'être pas opprimé. En sus, du peuple ennemi, pour être trop nombreux, un prince ne peut jamais s'assurer ; des grands, pour être en petit nombre, il peut s'assurer [2]. Le pire qu'un prince peut attendre du peuple ennemi est d'être abandonné par lui ; mais des grands, ennemis, il ne doit pas seulement craindre d'être abandonné, mais aussi qu'ils s'opposent à lui, parce que, comme ils voient mieux et sont plus rusés, ils sont toujours en avance sur le temps pour se sauver et ils cherchent des rangs auprès de celui dont ils espèrent qu'il vaincra. Le prince est aussi dans la nécessité de vivre toujours avec ce même peuple, mais il peut bien faire sans ces mêmes grands, pouvant chaque jour en faire et en défaire et, selon son plaisir, leur enlever et donner réputation.

Et pour mieux clarifier cet aspect, je dis que les grands doivent se considérer principalement de deux manières — ou ils se gouvernent de manière à ce qu'ils s'obligent entièrement à ta fortune, ou non. Ceux qui s'obligent, pourvu qu'ils ne soient pas rapaces, se doivent honorer et aimer. Ceux qui ne s'obligent pas doivent être examinés de deux

---

1. Dans les *Politiques*, Aristote établit entre la forme des régimes et les forces relatives de chaque partie de la cité une relation comparable à celle que Machiavel met ici en place. **2.** Cf. chap. 19 et 20 et *Discours*, I, 16, 40.

manières — ou ils font cela par pusillanimité et défaut naturel d'esprit, alors tu dois t'en servir, surtout de ceux qui sont de bon conseil, parce que, dans la prospérité, tu t'en honores et, dans l'adversité, tu n'as rien à craindre d'eux ; mais quand ils ne s'obligent pas par art et pour cause d'ambition, c'est signe qu'ils pensent plus à eux qu'à toi et de ceux-là, le prince doit se garder et les craindre comme s'ils étaient des ennemis à découvert, parce qu'ils aideront toujours, dans l'adversité, à le ruiner.

Qui devient prince au moyen de la faveur du peuple doit, par conséquent, se le maintenir ami : ce qui lui sera facile, puisqu'il ne demande rien, sinon de n'être pas opprimé. Mais qui devient prince contre le peuple [1], avec la faveur des grands, doit avant toute autre chose chercher à se gagner le peuple, ce qui lui sera facile, quand il le prend sous sa protection. Et parce que les hommes, quand leur fait du bien celui dont ils croyaient qu'il leur ferait du mal, s'obligent plus envers leur bienfaiteur, le peuple devient tout de suite plus bienveillant à son égard que s'il avait été conduit au principat avec ses faveurs. Et le prince peut se le gagner de nombreuses manières et parce que celles-ci varient selon le sujet, on n'en peut donner de règle certaine, et c'est pourquoi on y renoncera. Je conclurai seulement qu'à un prince, il est nécessaire d'avoir le peuple pour ami, autrement il n'a pas de remède dans l'adversité. Nabis, prince des Spartiates, soutint le siège contre toute la Grèce et une armée romaine très victorieuse, et il défendit contre ceux-ci sa patrie et son état, et il lui suffit seulement, le péril survenant, de s'assurer d'un petit nombre ; s'il avait eu le peuple pour ennemi, cela ne lui suffisait pas [2].

---

1. G. Inglese indique que dans les mss Monacense et Marciano, on lit, au lieu de *contro al populo*, l'expression *contro al volere del populo*. **2.** Nabis, tyran de Sparte, s'allia successivement avec les Romains contre Philippe V de Macédoine, puis avec ce dernier contre les Romains. Ceux-ci furent victorieux. Cf. chap. 19 et *Discours*, I, 10, 40 ; III, 6. Sources : Tite-Live, *Histoire romaine*, XXXIV, 22-40, Plutarque, *Vie de Flaminius* et *Vie de Philopœmen,* Diodore de Sicile, *Bibliothèque historique,* 27.

Et qu'il n'y ait personne qui oppose à cette mienne opinion ce proverbe ressassé, selon lequel « qui se fonde sur le peuple se fonde sur la boue »[1], parce que cela est vrai quand un citoyen particulier y bâtit son fondement et se donne à croire que le peuple le libérerait s'il était opprimé par les ennemis ou par les magistratures. Dans ce cas, il pourrait se trouver souvent trompé, comme les Gracques à Rome et messire Giorgio Scali à Florence[2]. Mais s'il y a un prince qui se fonde dessus, qui puisse commander et soit un homme de cœur, qui ne soit pas saisi d'effroi dans l'adversité et ne manque pas aux autres préparatifs et qui, par son esprit et ses ordres, soutient l'esprit de l'ensemble du peuple[3], il ne se trouvera jamais trompé par eux et il lui paraîtra avoir bâti de bons fondements.

Ces principats ont coutume de périr, quand ils sont sur le point de s'élever de l'ordre civil à l'absolu[4], parce que ces princes ou commandent par eux-mêmes ou par l'entremise de magistratures ; dans le dernier cas, leur état est plus faible et encourt plus de périls, parce qu'ils dépendent entièrement de la volonté de ces citoyens qui sont préposés aux magistratures ; ceux-ci, surtout dans les temps adverses, peuvent lui enlever l'état avec grande facilité, ou en l'abandonnant[5] ou en agissant contre lui. Et il n'est plus temps pour le prince, dans les périls, de prendre l'autorité absolue, parce que les citoyens et les

---

1. Ce proverbe, peut-être forgé par Giorgio Scali, évoqué quelques lignes plus bas, existe en français : « Qui se fonde sur la tourbe, il bastit dessus la bourbe ». **2.** Les tribuns de la plèbe Tiberius (163-132) et Caius (154-121) furent assassinés dans le cadre des conflits sur la loi agraire à Rome (cf. *Discours*, I, 37) ; Giorgio Scali, membre de la Seigneurie florentine, élu immédiatement après la défaite des Ciompi, fut décapité (cf. *Histoires florentines*, III, 20). **3.** Les termes *universalità* ou *universale* ont été traduits par l'expression « l'ensemble de... » — en fonction du contexte, nous l'avons complété par « les hommes », « les sujets », « le peuple », à l'exception d'une fois où Machiavel parle lui-même de l'*universalità delli uomini*. **4.** Le terme *assoluto* (« absolu ») doit être interprété en relation avec l'expression de *principato civile*. Le gouvernement absolu qui rompt avec le respect des lois et recourt à la violence. **5.** Dans certains mss, on lit, au lieu de *abandonnarlo*, *non lo obbedire*.

sujets, qui ont coutume de recevoir leurs commandements des magistratures, ne sont pas prêts à obéir aux siens dans ces mauvaises passes. Et il aura toujours, dans les temps douteux, pénurie de gens à qui il pourra se fier, parce que semblable prince ne peut se fonder sur ce qu'il voit dans les temps tranquilles, quand les citoyens ont besoin de l'état, parce qu'alors, chacun court, chacun promet et chacun veut mourir pour lui, quand la mort est éloignée ; mais dans les temps adverses, quand l'état a besoin de citoyens, alors il en trouve peu. Et cette expérience est d'autant plus périlleuse qu'on ne peut la faire, sinon une fois ; c'est pourquoi un prince sage doit penser à une manière grâce à laquelle ses citoyens, toujours et en toute qualité des temps, aient besoin de l'état et de lui, et toujours, par la suite, ils lui seront fidèles.

10

Comment les forces de tous les principats doivent être pesées

Il convient d'avoir, dans l'examen des qualités de ces principats, une autre considération, c'est-à-dire, si un prince a un état tel qu'il puisse, dans le besoin, se soutenir par lui-même, ou s'il est vraiment toujours dans la nécessité de la défense d'autrui. Et pour mieux clarifier ce point, je dis que je juge que peuvent se soutenir eux-mêmes ceux qui peuvent, ou par abondance d'hommes ou d'argent, constituer une armée appropriée et engager une journée[1] avec quiconque vient les attaquer. Et ainsi je juge qu'ont toujours besoin d'autrui ceux qui ne peuvent se présenter à l'ennemi en campagne, mais sont dans

1. Ce terme traduit l'italien *giornata* (cf. *Discours*, II, 17 ; l'*Art de la guerre*, III). Il s'agit des batailles rangées, que les Français nomment journées.

la nécessité de se réfugier à l'intérieur des murs et de les garder. Du premier cas, on a discouru, et à l'avenir, nous dirons ce qu'il en faut. Dans le second cas, il ne peut rien se dire d'autre qu'engager de tels princes à fortifier et à munir la ville même et ne tenir aucun compte du pays[1]. Et quiconque aura bien fortifié sa ville et, à propos des autres gouvernements, se sera arrangé comme il est dit ci-dessus avec les sujets, sera toujours attaqué avec grande circonspection, parce que les hommes sont ennemis des entreprises où l'on voit de la difficulté, et on ne peut voir de la facilité dans l'attaque d'un prince qui a sa ville gaillarde et n'est pas haï par le peuple[2].

Les cités d'Allemagne[3] sont très libres, ont une campagne peu étendue et obéissent à l'empereur quand elles le veulent et ne craignent ni celui-ci ni aucun autre puissant qu'elles ont autour d'elles. Parce qu'elles sont fortifiées de manière que chacun pense que la prise d'assaut doit être fastidieuse et difficile ; parce que toutes ont des fosses et des murs convenables ; elles ont de l'artillerie en suffisance ; elles tiennent toujours dans les baraques publiques à boire et à manger et à brûler pour un an ; et en outre, pour pouvoir tenir la plèbe[4] bien repue et sans perte pour le public[5], elles ont toujours en commun de pouvoir leur donner du travail pour un an, dans ces métiers qui sont le nerf de la vie de cette cité et des industries dont la plèbe se repaît ; elles tiennent aussi réputés

---

1. Machiavel distingue la cité, toujours fortifiée, et la campagne agricole environnante, soumise à sa domination, mais dont les habitants ne sont pas citoyens, à l'inverse de ceux qui résident à l'intérieur de ses murs. Appelée *contado*, la campagne n'était pas toujours protégée des invasions ennemies. **2.** Cf. chap. 9 et 19. **3.** Machiavel fut en mission à la cour impériale, cf. *Rapport sur les choses d'Allemagne fait ce jour, 17 juin 1508 ; Discours sur les choses d'Allemagne et sur l'Empereur* (1509), *Portrait des choses d'Allemagne* (1512) et sa correspondance sur les Suisses avec F. Vettori, de juin à août 1513 (consulter B. Wicht). Du point de vue des *ordres* de la cité, les *Discours*, I, 55 et II, 19 analysent les conditions de la liberté des cités et de la vertu des citoyens allemands et les *Discours*, II, 16 rappellent la suprématie militaire des Suisses. **4.** *Plebe* (3 occurrences dans *Le Prince*) n'est pas synonyme du terme *popolo*. **5.** Il s'agit du trésor public.

les exercices militaires et ont, à propos de cela, de nombreux ordres pour les maintenir.

Un prince qui aurait une cité ainsi ordonnée et ne se ferait pas haïr, ne peut donc être attaqué et, même s'il y avait quelqu'un qui l'attaquât, il en partirait honteux : parce que les choses du monde sont si variées qu'il est impossible à quelqu'un de rester avec les armées une année dans le loisir, à l'assiéger. Et à qui répliquerait : « si le peuple a ses possessions au-dehors et les voit brûler, sa patience n'y tiendra pas et le long siège et la charité envers soi-même lui feront oublier l'amour du prince », je réponds qu'un prince prudent et courageux triomphera de toutes les difficultés en donnant aux sujets tantôt l'espérance que le mal ne sera pas long, tantôt la crainte de la cruauté de l'ennemi, tantôt s'assurant avec adresse de ceux qui lui paraîtraient trop hardis. En outre, l'ennemi doit, conformément à la raison, brûler et ruiner le pays sitôt arrivé [1], et dans le temps où l'esprit des hommes est encore échauffé et plein de volonté pour la défense ; et c'est pourquoi le prince doit d'autant moins avoir peur, qu'après quelques jours, quand les esprits sont refroidis, les dommages sont déjà faits, les maux sont reçus, il n'y a plus de remède. Et alors, ils viennent d'autant plus s'unir à leur prince, comme il paraît être leur obligé, leurs maisons ayant été brûlées, leurs possessions ruinées pour sa défense, et la nature des hommes est ainsi de s'obliger pour les bienfaits qu'ils font, comme pour ceux qu'ils reçoivent. D'où vient que, si l'on considère bien tout, il ne sera pas difficile à un prince prudent de tenir fermes, avant et après, les esprits de ses citoyens durant le siège, quand il n'y manque ni pour vivre ni pour se défendre.

---

1. Machiavel décrit ici la politique de la terre brûlée de son époque — le *contado* est ravagé —, afin de priver ses habitants et ceux de la cité de toute ressource.

11

Des principats ecclésiastiques

Maintenant il nous reste seulement à raisonner sur les principats ecclésiastiques[1], à propos desquels toutes les difficultés sont avant qu'on les possède, parce qu'ils s'acquièrent ou par vertu ou par fortune, et se maintiennent sans l'une ni l'autre ; parce qu'ils sont soutenus par les ordres devenus anciens dans la religion, qui ont été si puissants et d'une qualité telle qu'ils tiennent leurs princes en l'état, de quelque manière qu'ils procèdent et vivent[2]. Ceux-ci seuls ont des états et ne les défendent pas ; ils ont des sujets et ils ne les gouvernent pas. Et les états, pour n'être pas défendus, ne leur sont pas pris, et les sujets, pour n'être pas gouvernés, n'en ont cure, ni ne pensent ni ne peuvent se détacher d'eux. Ces princes seuls, donc, sont en sécurité et heureux ; mais ceux-ci étant soutenus par des causes supérieures, auxquelles l'esprit humain n'atteint pas, je renoncerai à en parler, parce que, étant élevés et maintenus par Dieu, discourir à leur propos serait office d'homme présomptueux et téméraire. Néanmoins, si quelqu'un me soumettait la demande d'où vient que l'Église, dans le temporel, en est venue à une telle grandeur, puisque, jusqu'à Alexandre, les potentats italiens, et non seulement ceux qui s'appelaient les potentats, mais chaque baron et seigneur, même le moindre,

---

1. Cette sorte de principat, qui n'a pas été envisagée jusqu'alors, révèle aux lecteurs les limites des distinctions établies dans les chapitres précédents. On a là une manière de faire typiquement machiavélienne, qui consiste à faire apparaître un cas ignoré dans le cadre posé, susceptible de remettre en cause la validité des règles énoncées dans celui-ci. **2.** Critique à peine voilée des mœurs corrompues de la cour pontificale (cf. *Discours*, I, 12 et 27). La religion chrétienne est aussi jugée responsable du manque de vaillance militaire à son époque (*Discours*, II, 2). Cf. J.-J. Rousseau, *Contrat social*, IV, 8, « De la religion civile ».

l'estimaient peu quant au temporel[1], et que maintenant un roi de France en tremble, et qu'elle a pu le tirer d'Italie et ruiner les Vénitiens[2], cette chose, encore qu'elle soit connue, il ne me paraît pas superflu de la réduire en bonne partie à la mémoire.

Avant que Charles, roi de France, ne passât en Italie, cette province était sous le pouvoir du pape, des Vénitiens, du roi de Naples, du duc de Milan et des Florentins. Ces potentats devaient avoir cure de deux choses principales — l'une, qu'un étranger n'entrât en Italie avec les armes, l'autre, qu'aucun d'entre eux n'occupe plus d'état[3]. Ceux dont il fallait avoir davantage cure étaient le pape et les Vénitiens, et pour tenir les Vénitiens en arrière, il fallait l'union de tous les autres, comme ce fut le cas dans la défense de Ferrare[4] ; et pour tenir le pape soumis, ils se servaient des barons de Rome : ceux-ci étant divisés en deux factions, les Orsini et les Colonna[5], il y avait toujours cause de scandale entre eux, et comme ils avaient les armes à la main sous les yeux du pontife, ils tenaient le pontificat faible et malade. Et bien qu'un pape courageux, comme le fut Sixte[6], ait parfois surgi cependant, la fortune ou le savoir ne le rendirent jamais capable de se délier de ces incommodités. Et la brièveté de leur vie en était la cause, parce qu'en dix ans qu'un pape vivait en moyenne, à peine pouvait-il abaisser une

---

1. Cf. F. Guicciardini, *Histoire d'Italie*, IV, 12. L'établissement de la papauté en Avignon de 1309 à 1378, puis le schisme d'Occident (1378-1417) ont rendu en leur temps difficile le développement de ce pouvoir temporel. **2.** La Sainte Ligue organisée contre la France et la ligue de Cambrai contre les ambitions vénitiennes. Toutefois, si Venise perdit en 1509 la plupart de ses conquêtes, elle les avait reprises quand Machiavel écrivait *Le Prince*. **3.** Le traité de Lodi (1451) avait établi entre les états présents en Italie un fragile équilibre. **4.** Cette bataille fut en fait sans conséquence pour Venise (cf. chap. 2 et *Histoires florentines*, VIII, 26). **5.** Les Orsini et leurs partisans ont pris le parti de la papauté sous Nicolas III (1277-1280) et les Colonna s'y sont opposés, sauf sous le pontificat de Martin V (1417-1431). **6.** Cf. *Histoires florentines*, VII, 22.

des factions[1] ; et si, par exemple, l'un avait presque anéanti les Colonna, surgissait un autre, ennemi des Orsini, qui les faisait ressurgir, et il n'était plus temps pour lui d'anéantir les Orsini. Cela faisait que les forces temporelles du pape étaient peu estimées en Italie.

Ensuite surgit le pape Alexandre qui, de tous les pontifes qui ont jamais été, montra combien un pape, et avec de l'argent et avec les forces, pouvait l'emporter ; et il fit, avec le duc Valentinois comme instrument, et à l'occasion du passage des Français, toutes ces choses dont j'ai discouru plus haut à propos des actions du duc. Et bien que son intention ne fût pas de rendre l'Église grande, mais son fils[2], néanmoins, ce qu'il fit tourna à la grandeur de l'Église qui, après sa mort, le duc anéanti, fut héritière de ses peines.

Vint ensuite le pape Jules[3] et il trouva l'Église grande, comme elle avait toute la Romagne et que les barons de Rome étaient anéantis et que, sous les coups d'Alexandre, les factions étaient anéanties ; et il trouva aussi une voie ouverte à la manière d'accumuler de l'argent, jamais en usage avant Alexandre. Jules poursuivit non seulement ces choses, mais il les accrut, et il pensa à se gagner Bologne et à anéantir les Vénitiens, ainsi qu'à chasser les Français d'Italie et toutes ces entreprises lui réussirent[4], et avec d'autant plus de louanges à son endroit qu'il fit toutes choses pour faire croître l'Église, et non pour quelque homme privé. Il maintint aussi les partis Orsini et Colonna dans les termes où il les trouva. Et bien que, parmi eux, il y eût quelque chef[5] prêt à introduire des

---

1. Nicolas V (1447-1455), Calixte III (1455-1458), Pie II (1458-1464), Paul II (1464-1471), Sixte IV (1471-1484), Innocent VIII (1484-1492). **2.** César Borgia. **3.** Jules II (1445-1513), né Julien della Rovere, nommé cardinal sous le titre de Saint-Pierre-ès-Liens (chap. 7). Il devint pape en 1503 et, après la mort de César Borgia, s'appliqua à affermir le pouvoir temporel de la papauté à travers plusieurs reconquêtes. Cf. chap. 2, 3, 7, 11, 13, 16 et 25 et *Discours*, I, 27 ; II, 10, 22, 24 ; III, 9, 44. **4.** Les Bolonais furent battus en 1506, les Vénitiens en 1508 et les Français combattus à partir de 1511. **5.** « Chef » traduit *capo* — sauf dans la phrase liminaire du chap. 23, où ce terme a le sens de « point ».

transformations, deux choses les ont cependant tenus fermes — l'une, la grandeur de l'Église, qui les saisit d'effroi, l'autre, de ne pas avoir leurs cardinaux, qui sont à l'origine des tumultes entre eux, et jamais ces partis ne seront tranquilles toutes les fois qu'ils auront des cardinaux, parce que ceux-ci nourrissent, à Rome et au dehors, les partis, et ces barons sont forcés de les défendre ; et ainsi, de l'ambition des prélats, naissent les discordes et les tumultes entre les barons.

Sa sainteté le pape Léon [1] a donc trouvé ce pontificat très puissant ; on espère que, si ceux-là l'ont rendu grand par les armes, lui le rendra très grand et respectable, par sa bonté et ses autres vertus infinies.

12

Combien il y a de genres de milices [2] et des soldats mercenaires ?

Ayant discouru en détail de toutes les qualités de ces principats sur lesquels, au début, je proposai de raisonner, et considéré en quelques parts les causes de leur bien-être ou mal-être [3], et montré les manières par lesquelles beaucoup ont cherché à les acquérir et les tenir, il me reste maintenant à discourir en général de ce qui peut, en

---

1. Léon X (1475-1521), né Jean de Médicis, fils de Laurent le Magnifique : destiné d'emblée à une carrière ecclésiastique, élu cardinal à 13 ans et pape à 38 ans. Il poursuivit l'entreprise « temporelle » de ses prédécesseurs ; le scandale des indulgences — auquel Machiavel fait ici sans doute allusion — éclata sous sa papauté. **2.** La *milizia* (« milice ») désigne toute formation militaire régulière. La force militaire se révèle irréductible aux éléments matériels de la puissance et au nombre de soldats : elle dépend aussi de l'organisation de l'armée. **3.** Machiavel ne définit pas en quoi consiste le bien ou mal-être d'un principat, mais on peut associer cette notion à un ensemble de facteurs (richesses, gloire, absence de troubles intérieurs).

matière d'offenses et de défenses, survenir en chacun des susnommés.

Nous avions dit ci-dessus qu'il est nécessaire à un prince d'avoir de bons fondements, autrement, il convient, par nécessité, qu'il aille à sa ruine. Les principaux fondements qu'ont tous les états, les nouveaux comme les vieux ou les mixtes, sont les bonnes lois et les bonnes armes et parce qu'il ne peut y avoir de bonnes lois là où il n'y a pas de bonnes armes, et que là où il y a de bonnes armes, il convient qu'il y ait de bonnes lois, je renoncerai à raisonner sur les lois et je parlerai des armes[1].

Je dis donc que les armes avec lesquelles un prince défend son état ou lui sont propres, ou lui sont mercenaires ou auxiliaires ou mixtes. Les mercenaires et auxiliaires sont inutiles et périlleuses ; et si quelqu'un tient son état fondé sur les armes mercenaires, il ne sera jamais ni ferme ni en sécurité, parce qu'elles sont désunies, ambitieuses, sans discipline, infidèles, gaillardes parmi les amis, lâches parmi les ennemis : pas de crainte de Dieu, pas de foi envers les hommes[2] et l'on diffère la ruine tant qu'on diffère l'attaque, et, dans la paix, tu es spolié par elles, dans la guerre par les ennemis. La cause de cela est qu'ils n'ont d'autre amour ni d'autre cause qui les tienne au champ qu'un peu de gages, qui ne sont pas suffisants pour faire qu'ils veuillent mourir pour toi. Ils veulent bien être tes soldats tandis que tu ne fais pas la guerre, mais, quand vient la guerre, ou s'enfuir ou s'en

1. Lois et armes sont toujours associées par Machiavel (cf. *Discours*, I, 4 et 6). Selon lui, on ne peut penser indépendamment l'ordre civil et l'ordre militaire (on trouve ce couple dans la préface des *Institutiones* de Justinien). **2.** Comme Agathocle, les mercenaires sont sans foi ni religion : autrement dit, ils ne respectent ni les serments ni les lois (cf. l'*Art de la guerre*, VII). Ils sont l'antithèse des soldats romains, dont l'ardeur guerrière et la vaillance reposent sur l'amour de la patrie et la crainte des dieux, deux sentiments indissociables (cf. *Discours*, I, 12 ; II, 2).

aller[1]. Pour persuader de cette chose, je devrais endurer peu de fatigue, parce que la ruine d'Italie n'est, maintenant, causée par rien d'autre que de s'être entièrement reposée, dans l'espace de nombreuses années, sur les armes mercenaires[2]. Celles-ci, autrefois, eurent pour certains quelques succès et paraissaient gaillardes entre elles ; mais quand vint l'étranger, elles montrèrent ce qu'elles étaient ; c'est pourquoi il fut permis à Charles, roi de France, de prendre l'Italie avec la craie[3] ; et qui disait que nos péchés en étaient cause, disait le vrai ; mais ce n'était certes pas ceux qu'il croyait, mais ceux que j'ai relatés ; et parce qu'ils étaient péchés de prince, eux aussi en ont souffert les peines[4].

Je veux démontrer mieux l'infélicité de ces armes. Les capitaines mercenaires, ou sont des hommes[5] excellents ou non ; s'ils le sont, tu ne peux pas t'y fier, parce qu'ils aspireront toujours à leur propre grandeur ou en t'opprimant, toi qui es leur patron, ou en opprimant autrui sans que cela soit dans ton intention ; mais si le capitaine n'est pas vertueux, d'ordinaire, il te ruine. Et si on me répondait que quiconque, mercenaire ou non, a les armes entre les mains fera cela, je répliquerai que doivent œuvrer aux armes un prince ou une république — le prince doit aller en personne et faire sienne l'office de capitaine ; la république doit envoyer ses citoyens et quand elle en envoie un qui ne se montre pas homme de valeur, elle doit le remplacer, et quand il l'est, le tenir sous les lois pour

---

1. La critique du recours aux mercenaires, centrale chez Machiavel, est développée avant lui par Pétrarque et par certains de ses contemporains. Il a tenté, durant ses années de service à la Chancellerie florentine, de mettre en place une milice et d'organiser des exercices militaires conformes à ses conceptions (cf. *Discours*, I, 4 et III, 31). **2.** Cf. *Discours*, II, 20 et l'*Art de la guerre*, I. **3.** Allusion au fait que les logements attribués aux soldats étaient marqués d'un trait de craie. **4.** Allusion à Savonarole. Machiavel emploie le terme « péché » en un sens strictement « temporel » (cf. *Discours*, II, 18, l'*Art de la guerre*, II et VII). Le chap. 24 éclairera sa nature. **5.** On lit *nelle armi*, au lieu de *uomini* dans le manuscrit Gotha.

qu'il ne passe pas le signe[1]. Et d'expérience, on voit les princes seuls et les républiques armées avoir de très grands succès et les armes mercenaires ne jamais rien faire, sinon des dommages ; et une république armée d'armes propres en vient plus difficilement à obéir à l'un de ses citoyens qu'une république armée d'armes extérieures.

Rome et Sparte survécurent de nombreux siècles armées et libres[2]. Les Suisses sont très armés et très libres[3]. Des armes mercenaires anciennes, il y a par exemple les Carthaginois qui furent, une fois finie leur première guerre avec les Romains, sur le point d'être opprimés par leurs soldats mercenaires, encore que les Carthaginois eussent leurs propres citoyens pour capitaines[4]. Philippe de Macédoine fut fait par les Thébains, après la mort d'Épaminondas, capitaine de leurs gens, et il leur prit, après la victoire, la liberté[5]. Le duc Philippe mort, les Milanais soudoyèrent, contre les Vénitiens, Francesco Sforza qui, les ennemis vaincus à Caravage, se lia avec eux pour opprimer ses patrons les Milanais[6]. Sforza son père[7], étant soldat de la reine Jeanne de Naples, la laissa tout à coup désarmée ; c'est pourquoi, pour ne pas perdre le royaume, elle fut contrainte de se jeter dans le giron du roi d'Aragon. Et si Vénitiens et Florentins

---

1. Cf. les *Discours* sur les relations entre une république et ses capitaines. L'expression *passare el segno* renvoie à la nécessité pour une république de poser des limites à l'ambition personnelle des capitaines. **2.** Selon la datation de Machiavel, Rome fut libre pendant quatre cents ans — des Tarquins jusqu'aux Gracques — et Sparte, huit cents ans (*Discours*, I, 2 et 4 et l'*Art de la guerre*, I). **3.** Les Suisses sont toujours loués par Machiavel, quoiqu'il expose au chap. 26 une manière de les défaire. **4.** Source : Polybe, *Histoires*, I, 2, 65-68 (les milices de Carthage, impayées, déclarèrent une guerre longue et destructrice à Carthage, cf. *Discours*, III, 32 et l'*Art de la guerre*, I). **5.** Source : Justin, *Histoire universelle*, VIII, 2. **6.** Dans les *Histoires florentines*, VI, 20, Machiavel reprend ce double exemple de Philippe de Macédoine et de Francesco Sforza à propos de la bataille de Caravage. **7.** Muzio Attendolo Sforza (1369-1424), condottiere italien aux services multiples (Milan, Florence, la reine Jeanne qu'il trahit, Louis III d'Anjou). Cf. l'*Art de la guerre*, I et *Histoires florentines*, I, 38.

ont autrefois accru leur pouvoir avec ces armes et si leurs capitaines ne s'en sont pas pour autant faits princes, mais les ont défendus, je réponds que les Florentins ont été dans ce cas favorisés par le hasard, parce que, des capitaines vertueux qu'ils pouvaient craindre, certains n'ont pas vaincu, d'autres ont rencontré de l'opposition ; d'autres ont tourné leur ambition ailleurs. Celui qui ne vainquit pas fut Giovanni Aucut[1] dont, comme il fut vaincu, on ne pouvait connaître la foi ; mais chacun confessera qu'avec une victoire, il tenait les Florentins à sa discrétion. Sforza eut toujours les Bracceschi[2] contre lui, si bien qu'ils se gardèrent l'un l'autre. Francesco tourna son ambition en Lombardie, Braccio contre l'Église et le royaume de Naples.

Mais venons-en à ce qui est survenu il y a peu de temps. De Paolo Vitelli, homme très prudent et qui, de fortune privée, avait acquis une très grande réputation, les Florentins firent leur capitaine ; si celui-ci s'emparait de Pise, il n'y aura personne pour nier qu'il convenait aux Florentins d'être avec lui, parce que s'il était devenu soldat de leurs ennemis, ils n'avaient pas de remède et si les Florentins le tenaient, ils devaient lui obéir. Les Vénitiens, si on considère leurs succès, on verra qu'ils ont œuvré en toute sécurité et glorieusement tant qu'ils firent la guerre eux-mêmes, ce qui fut avant qu'ils dirigeassent leurs entreprises en terre ferme, quand ils œuvrèrent très vertueusement avec des gentilshommes et avec la plèbe armée ; mais, quand ils commencèrent à combattre en terre ferme, ils laissèrent cette vertu et suivirent les coutumes des guerres d'Italie[3]. Et au début de leur expansion en terre ferme, pour n'y avoir pas beaucoup d'état et être

---

1. John Hawkwood, condottiere anglais au service des Florentins dans la première phase de la guerre contre Gian Galeazzo Visconti (1390-1392). **2.** La compagnie d'Andrea Fortebracci, dit Braccio de Montone (1368-1424). Ce condottiere servit la reine Jeanne puis, contre elle, Alphonse d'Aragon. Il conquit Pérouse en 1416 et tenta de gagner l'Aquila et Teramo. Il y trouva la mort, tué par les Sforza. **3.** Machiavel fait allusion aux guerres entre condottieres dont il stigmatise les manières à la fin de ce chapitre.

très réputés, ils n'avaient pas beaucoup à craindre de leurs capitaines. Mais comme ils s'étendirent, ce qui fut sous Carmagnola, ils aperçurent cette erreur : parce que l'ayant vu très vertueux, pour avoir battu sous son gouvernement le duc de Milan, et ayant d'autre part connaissance qu'à la guerre, il allait refroidi, ils jugèrent ne plus pouvoir vaincre avec lui, parce qu'il ne voulait pas, ni pouvoir lui donner congé, pour ne pas reperdre ce qu'ils avaient acquis ; c'est pourquoi ils furent dans la nécessité, pour s'en assurer, de le tuer. Ils ont eu ensuite pour capitaine Bartolomeo de Bergame, Roberto de Sanseverino, le comte de Pitigliano et semblables, avec lesquels ils devaient craindre la défaite, non leur propre gain, comme il arriva ensuite à Vailà, où, en une journée, ils perdirent ce qu'en huit cents ans, ils avaient acquis avec tant de fatigue, parce que de ces armes naissent seulement de lentes, tardives et faibles acquisitions et de soudaines et miraculeuses défaites[1].

Et parce qu'avec ces exemples, je suis venu en Italie, qui a été gouvernée de nombreuses années par les armes mercenaires, je veux en discourir de plus haut afin que, l'origine et les succès de celles-ci étant vus, on puisse mieux les corriger. Vous devez donc comprendre que, dans ces derniers temps, dès que l'Empire commença d'être rejeté d'Italie et que le pape y eut acquis plus de réputation dans le temporel, l'Italie se divisa en de nombreux états, si bien qu'un grand nombre de grosses cités prirent les armes contre leurs nobles[2], qui, favorisés par l'empereur, les tenaient auparavant opprimées, et l'Église les favorisait pour se donner réputation dans le temporel ; de beaucoup d'autres, des citoyens issus d'elles devinrent

---

1. Venise a initialement conquis des possessions en Dalmatie, dans les Balkans et dans les îles grecques. En terre ferme, sa première conquête fut Trévise (1339). De 1425 à 1432, elle employa Francesco Bussone, dit Carmagnola, qu'elle décapita (cf. *Histoires florentines*, IV, 15). Les capitaines de guerre qui le remplacèrent ne lui apportèrent pas de victoire. Elle subit même un désastre à Vailà, en 1509 (cf. *Discours*, I, 6 ; III, 31 et *Histoires florentines*, I, 29). **2.** C'est le cas à Florence à la fin du XIIIe siècle, comme en témoignent les *Histoires florentines*, II, 42.

princes. C'est pourquoi l'Italie était presque tombée dans les mains de l'Église et de quelques républiques [1], et ceux-là étant prêtres et les autres des citoyens étant habitués à ne pas connaître les armes, ils commencèrent à soudoyer des étrangers. Le premier qui donna réputation à cette milice fut Alberico di Conio, de Romagne [2] ; de l'école [3] de celui-ci descendirent entre autres Braccio et Sforza qui, en leur temps, furent arbitres d'Italie. Après cela, vinrent tous les autres qui ont jusqu'à notre temps gouverné ces armes et la fin de leur vertu a été que l'Italie a été courue par Charles, pillée par Louis, forcée par Ferdinand et vilipendée par les Suisses [4].

L'ordre qu'ils ont d'abord tenu, pour se donner à eux-mêmes réputation, a été d'ôter sa réputation à l'infanterie [5]. Ils firent cela parce qu'étant sans état et vivant de leur seule industrie, un petit nombre de fantassins ne leur donnaient pas de réputation et ils ne pouvaient pas en nourrir beaucoup ; c'est pourquoi ils se restreignirent aux cavaliers et, en nombre supportable, ils étaient de ce fait nourris et honorés, et les choses étaient réduites en ces termes que dans une armée de vingt mille soldats, on ne trouvait pas deux mille fantassins. Outre cela, ils avaient usé de toute leur industrie pour épargner la peur et la fatigue à eux-mêmes et aux soldats, ne se tuant pas dans les mêlées, mais se prenant des prisonniers et cela, sans rançon [6] ; ils ne s'engageaient pas la nuit dans les villes ; ceux de la ville ne s'engageaient pas vers les tentes ; ils

---

1. *Republica* doit être ici compris comme le nom donné à toute cité dotée d'un gouvernement, qu'elle soit une principauté ou une république au sens strict du terme. **2.** Alberico da Barbanio, comte de Cunio, fonda la première compagnie italienne. Cf. *Histoires florentines*, I, 34. **3.** Nous suivons ici l'interprétation du terme *disciplina* proposée par G. Inglese. **4.** Ce passage, de même que la conclusion du chapitre, annonce l'exhortation finale à libérer l'Italie. **5.** Machiavel, qui a une préférence pour l'infanterie (cf. *Discours*, II, 18 et l'*Art de la guerre*), critique l'ordre adopté par les condottieres. Il accuse les chefs et non les soldats ; de même, au chap. 26, il souligne que si les chefs ne manquaient pas, la « vertu italique » pourrait se manifester. **6.** La première affirmation est sans doute exagérée. Concernant les prisonniers libérés sans rançon, Machiavel se souvient du geste du condottiere Carmagnola.

ne faisaient autour du camp ni palissade ni fosse ; ils ne faisaient pas de siège en hiver et toutes ces choses étaient permises dans leurs ordres militaires et trouvées [1] par eux pour fuir, comme il est dit, la peine et les périls, si bien qu'ils ont conduit l'Italie à être esclave et vilipendée.

13

Des soldats [2] auxiliaires, mixtes et propres

Les armes auxiliaires, qui sont les autres armes inutiles, apparaissent quand on appelle un puissant pour qu'il vienne te défendre avec ses armes, comme fit, il y a peu de temps, le pape Jules : celui-ci, ayant vu dans l'entreprise de Ferrare ses armes mercenaires faire mauvaise preuve, se tourna vers les auxiliaires et convint avec Ferdinand, roi d'Espagne, qu'il devait l'aider avec ses gens et ses armées [3]. Ces armes peuvent être bonnes et utiles pour elles-mêmes, mais sont, pour qui les appelle, presque toujours dommageables, parce que, avec leur défaite, tu demeures défait, avec leur victoire, tu restes leur prisonnier. Et encore que les histoires anciennes soient pleines de ces exemples, néanmoins, je ne veux pas quitter cet exemple frais de Jules II, dont le parti, pour vouloir Ferrare, de se fourrer entièrement dans les mains d'un étranger, ne put être plus inconsidéré. Mais sa bonne fortune fit naître une troisième chose, afin qu'il ne recueille pas le fruit de son mauvais choix, parce que, ses

---

1. Selon S. Martelli, G. Inglese a corrigé dans cette proposition *trovati* en *trovate*, ce qui change le sens de la phrase puisque, avec le masculin pluriel, le verbe s'accorde avec les ordres et avec le féminin pluriel, il renvoie aux choses. **2.** Le terme *militibus*, dans les titres des chap. 12 et 13 est traduit par « soldats », bien qu'à proprement parler, dans ce dernier, ce sont les armes, et non les soldats, qui sont auxiliaires, mixtes ou propres. **3.** Il s'agit du pape Jules II qui obtint, dans le cadre de la Sainte Ligue, l'aide de Ferdinand d'Espagne, après avoir essuyé plusieurs échecs contre les Français.

auxiliaires étant défaits à Ravenne et les Suisses surgissant[1] pour chasser le vainqueur, contre toute opinion — et la sienne et celle d'autrui —, il n'en vint pas, finalement à demeurer prisonnier des ennemis, mis en fuite, ni de ses auxiliaires, puisqu'il avait vaincu avec d'autres armes que les leurs[2]. Les Florentins, étant entièrement désarmés, conduisirent dix mille Français à Pise pour s'en emparer ; avec ce parti, ils s'exposèrent à un plus grand péril qu'en n'importe quel temps de leurs tourments[3]. L'empereur de Constantinople, pour s'opposer à ses voisins, mit en Grèce dix mille Turcs qui, la guerre finie, ne voulurent pas en partir ; ce qui fut le commencement de la servitude de la Grèce sous les Infidèles[4].

Celui qui veut donc ne pas pouvoir vaincre, qu'il se serve de ces armes, parce qu'elles sont beaucoup plus périlleuses que les armes mercenaires. Parce qu'avec celles-là, la conjuration est faite[5], elles sont entièrement unies, toute disposées à obéir à autrui, mais avec les armes mercenaires, quand elles ont vaincu, il faut, pour t'offenser, une occasion plus grande, plus de temps, n'étant pas toutes un seul et même corps et étant trouvées

---

1. Contrairement à ce que suggère Machiavel, les Suisses ne sont pas intervenus spontanément et soudainement dans la guerre. Ils furent payés par le pape et les Vénitiens. On peut expliquer toutefois ce *surgendo* : les Suisses, tout en étant mercenaires du pape, défendaient, selon Machiavel, leurs propres intérêts dans la bataille. **2.** Entre l'impétuosité chanceuse et la témérité inconsidérée, le jugement de Machiavel sur la personnalité de Jules II varie. Dans les *Caprices à Soderini* (1506), il souligne la part de hasard dans ses succès tandis qu'au chap. 25 il affirme que la qualité des temps est favorable à son tempérament. **3.** En 1500, Charles de Beaumont mena 6 000 Suisses et 500 lances à la reconquête de Pise, pour les Florentins. Leur siège n'aboutit à rien, en raison de l'indiscipline des mercenaires Suisses et Gascons et de la mauvaise volonté de certains capitaines ; les Florentins refusèrent de rémunérer cette armée, ce qui déboucha sur un différend majeur entre Florence et le roi de France (cf. *Discours*, I, 38). **4.** L'empereur de Constantinople, Jean Cantacuzène, employa en 1353 10 000 cavaliers commandés par le fils de l'émir de Bithynie, dans la guerre contre son rival Jean Paléologue. Lorsqu'il abdiqua, les Turcs s'établirent dans Gallipoli, ville côtière des Dardanelles. **5.** Dans certains mss., G. Inglese relève, à la place de *è la coniura fatta*, la proposition *è la ruina fatta*, mais considère qu'il s'agit d'une erreur de copie et privilégie l'autre lecture. Par « conjuration », il faut ici entendre « union ».

et payées par toi ; en elles, un tiers que tu ferais chef ne peut prendre soudainement une autorité telle qu'il t'offense. En somme, l'indolence est plus périlleuse chez les mercenaires, la vertu chez les auxiliaires. Un prince sage a donc toujours fui ces armes et s'est tourné vers les armes propres et il a plutôt voulu perdre avec les siens que vaincre avec autrui, jugeant que la victoire qui s'acquerrait avec les armes d'autrui ne serait pas vraie.

Je ne redouterai jamais d'alléguer César Borgia et ses actions. Ce duc entra en Romagne avec les armes auxiliaires, y conduisant des gens tous français et avec elles, prit Imola et Furlí ; mais, par la suite, de telles armes ne lui paraissant pas sûres, il se tourna vers les mercenaires, jugeant qu'avec celles-ci, il y avait un péril moindre, et il soudoya les Orsini et les Vitelli ; trouvant ensuite celles-ci, en les manœuvrant, douteuses, infidèles et périlleuses, il les anéantit et se tourna vers les armes propres. Et on peut facilement voir quelle différence il y a entre l'une et l'autre de ces armes, une fois considérée quelle différence de réputation il y eut pour le duc, quand il avait seulement les Français, quand il avait les Orsini et les Vitelli et quand il demeura avec ses soldats et compta sur lui-même ; et on la trouvera toujours accrue, et il ne fut jamais très estimé, sinon quand chacun vit qu'il était seul possesseur de ses armes.

Je ne voulais pas quitter les exemples italiens et frais. Cependant, je ne veux pas renoncer à Hiéron de Syracuse, un de ceux que j'ai nommés ci-dessus. Celui-ci, comme je le dis, une fois fait chef des armées par les Syracusains, connut tout de suite que cette milice mercenaire n'était pas utile, pour ce que les condottieres étaient faits comme nos italiens ; et comme il lui paraissait qu'il ne pouvait ni les garder, ni les laisser, il les fit tous tailler en morceaux et ensuite, fit la guerre avec ses armes et non avec celles d'autrui [1]. Je veux encore remettre en mémoire une figure du Vieux Testament, faite à propos. Comme David s'offrait à Saül pour aller combattre Goliath, Philistin pro-

---

1. Source : Polybe, *Histoires*, I, 9.

vocateur, Saül l'arma de ses armes pour lui donner du courage ; David, quand il les eut endossées, refusa, disant qu'il ne pouvait bien, avec celles-ci, se servir de lui-même ; et c'est pourquoi il voulait trouver l'ennemi avec sa fronde et son couteau[1]. Finalement, les armes d'autrui choient de ton dos, ou te pèsent, ou te serrent.

Charles VII, père du roi Louis XI, ayant libéré la France des Anglais par sa fortune et sa vertu, connut cette nécessité de s'armer d'armes propres et ordonna en son royaume l'ordonnance des gens d'armes et des infanteries[2]. Ensuite, le roi Louis, son fils, anéantit celle des fantassins et commença à soudoyer des Suisses ; cette erreur suivie par les autres est, comme on voit maintenant dans les faits, cause des périls encourus par ce royaume[3]. Parce qu'ayant donné réputation aux Suisses, il a avili toutes ses armes ; parce qu'il a anéanti entièrement ses infanteries et a fait de ses gens d'armes les obligés de la vertu d'autrui ; parce qu'étant accoutumés à servir avec les Suisses, il ne leur paraît pas qu'ils peuvent vaincre sans eux. De la naît que les Français contre les Suisses ne suffisent pas, et sans les Suisses, contre d'autres, ne se mettent pas à l'épreuve. Les armées de France ont donc été mixtes, en partie mercenaires et en partie propres — armes qui sont, toutes ensemble, bien meilleures que les simples auxiliaires ou simples mercenaires, et bien inférieures aux armes propres. Et que suffise l'exemple susdit, parce qu'on ne pourrait triompher du royaume de France si l'ordre de Charles avait été accru ou préservé ; mais, peu prudents, les hommes commencent une chose et, comme elle a alors bon goût, ne se rendent pas compte du poison qui est dessous, comme je le dis plus haut à

1. *Figura* doit être ici compris au sens de symbole et *provocateur* désigne celui qui lance un défi. Notons que le combat de David et Goliath (Livre des Rois, I, Samuel, 17) est interprété en termes strictement politiques. 2. Cf. le *Portrait des choses de France*. Charles VII créa une armée nouvelle de cavaliers et de fantassins en 1445-1448, que Louis XI supprima en partie, en substituant aux francs-archers français des fantassins suisses. 3. Allusion aux défaites françaises survenues en 1513 (Novare et Guinegatte).

propos des fièvres phtisiques[1]. Par conséquent, celui qui, dans un principat, ne connaît pas les maux quand ils naissent, n'est pas vraiment sage : et cela est donné à peu. Et si on considérait la première cause de la ruine de l'Empire romain, on trouvera qu'elle a été de commencer à soudoyer les Goths, parce qu'à partir de ce début, les forces de l'Empire commencèrent à s'énerver, et toute cette vertu qui en émanait, elle se donnait à eux[2].

Je conclus donc que, s'il n'a pas d'armes propres, aucun prince n'est en sécurité ; au contraire il est entièrement obligé à la fortune, n'ayant pas de vertu qui le défende avec foi dans l'adversité et ce fut toujours l'opinion et la maxime des hommes sages que rien n'est si débile et instable qu'un renom de puissance qui ne s'appuie pas sur ses forces propres[3]. Et les armes propres sont celles qui sont composées ou de tes sujets ou de tes citoyens ou de tes créatures, toutes les autres sont ou mercenaires ou auxiliaires ; et la manière d'ordonner les armes propres sera facile à trouver, si l'on discourt des ordres des quatre hommes que j'ai nommés plus haut, et si l'on voit comment Philippe, père d'Alexandre le Grand[4] et comment de nombreuses républiques et princes se sont armés et ordonnés ; à ces ordres, je me remets entièrement.

---

1. Après le sens de l'odorat, mobilisé dans l'image de l'archer au début du chap. 6, vient ici celui du goût et plus tard, à partir du chapitre 15, celui de la vue. **2.** 40 000 Wisigoths furent incorporés dans l'armée romaine, en 382 ap. J.-C. Sur les causes de la chute de l'Empire romain, cf. *Le Prince*, 19, *Discours*, II, 8 et 30, l'*Art de la guerre*, I, *Histoires florentines,* I, 1. **3.** Machiavel reprend, en le déformant, un propos de Tacite, *Annales*, XIII, 19 — « *nihil rerum mortalium tam instabile ac fluxum est quam fama potentiae non sua vi nixae* » : « Rien, en ce monde des mortels, n'est aussi instable et fuyant que le renom d'une puissance qui ne s'appuie pas sur sa propre force » (tr. de P. Grimal, Gallimard, Folio classique, 1993, p. 314). **4.** Référence au chap. 12.

14

Ce qui convient à un prince en matière de milice

Un prince doit donc n'avoir d'autre objet ni d'autre pensée, ni prendre autre chose pour son art, hormis la guerre et les ordres et la discipline de celle-ci [1], parce que celle-ci est le seul art qu'on attende de qui commande et il est d'une telle vertu qu'il maintient non seulement ceux qui sont nés princes, mais, maintes fois, il fait s'élever les hommes de fortune privée à ce rang. Et on voit au contraire que, lorsque les princes ont pensé plus aux délicatesses qu'aux armes, ils ont perdu leur état [2] et la première cause qui te fait perdre celui-ci est de négliger cet art, et la cause qui te le fait acquérir est d'être maître en cet art. Francesco Sforza, pour être armé, d'homme privé devint duc de Milan et ses fils, pour fuir les désagréments des armes, de ducs devinrent hommes privés. Parce que, parmi les autres causes [3] de maux qu'il t'apporte, le fait d'être désarmé te rend méprisable, ce qui est l'un des mauvais renoms dont le prince doit se garder, comme on dira ci-dessous [4]. Parce qu'il n'y a aucune proportion d'un homme armé à un homme désarmé, et la raison ne veut pas que qui est armé obéisse volontiers à qui est désarmé, et que le désarmé soit en sécurité parmi des serviteurs armés ; parce que, comme il y a mépris chez l'un et soupçon chez l'autre, il n'est pas possible qu'ensemble ils œuvrent bien. Et c'est pourquoi un prince qui ne comprendrait rien à la milice, en sus des autres infélicités, ne peut, comme il est dit, être estimé par ses soldats ni se fier à eux.

Il ne doit par conséquent jamais éloigner la pensée de

---

1. Lieu commun de la pensée politique depuis l'Antiquité. **2.** Cf. l'accusation de paresse au chap. 24 et l'*Art de la guerre*, I et VII. **3.** S. Martelli suggère que le terme *cagioni* (« causes ») est une erreur de copie et que Machiavel a probablement écrit *ragioni* (« raisons »), au sens de « sorte », d'« espèce ». **4.** Cette thèse fera l'objet d'un développement nourri au chap. 19.

cet exercice de la guerre et dans la paix, il doit s'y exercer plus que dans la guerre, ce qu'il peut faire de deux manières — l'un par les œuvres, l'autre par l'esprit. Et quant aux œuvres, outre le fait de tenir les siens bien ordonnés et exercés, il doit toujours aller à la chasse[1] et par le moyen de celle-ci, accoutumer le corps aux désagréments et en même temps, apprendre la nature des sites et connaître comment les montagnes se dressent, comment les vallées s'ouvrent, comment les plaines s'étendent, et comprendre la nature des fleuves et des marécages, et avoir grand cure de cela[2]. Cette connaissance lui est utile de deux manières ; d'abord, il apprend à connaître son pays, il peut mieux comprendre les défenses de celui-ci[3] ; ensuite, au moyen de la connaissance et de la pratique de ces sites, il peut comprendre avec facilité chaque autre site qu'il lui sera nécessaire de reconnaître pour la première fois[4], parce que les coteaux, les vallées et les plaines, et les fleuves et les marécages qui sont, par exemple, en Toscane, ont avec ceux des autres provinces une certaine similitude, si bien que, de la connaissance d'un site, dans une province, on peut facilement en venir à la connaissance des autres. Et ce prince à qui manque cette compétence, il lui manque la première qualité que veut avoir un capitaine, parce que celle-ci t'enseigne à trouver l'ennemi, à placer les cantonnements, à conduire les armées, à ordonner les journées, à faire le siège des villes à ton avantage.

Philopœmen, prince des Achéens[5], parmi les autres louanges qui lui sont données par les écrivains, figure celle qu'il ne pensait jamais à rien d'autre qu'aux manières de la guerre en temps de paix. Et quand il était

---

1. Cf. *Discours*, III, 39. Source possible : Xénophon, *Cyropédie*, II, 4. **2.** Cf. l'*Art de la guerre*, V. Machiavel a pu emprunter cette formulation à des traités politiques antérieurs, cf. A. H. Gilbert, *Machiavelli's Prince and its Forerunners*. **3.** Anacoluthe. **4.** S. Martelli est en désaccord avec cette reconstruction du texte, considérant que le changement de sujet en cours de phrase est dû à une erreur de copie (*ch'impara* retranscrit à tort par *s'impara*). **5.** Philopœmen (252-183 av. J.-C.), général en chef de la Ligue achéenne. Source : Tite-Live, *Histoire romaine*, XXXV, 28.

à la campagne avec les amis, souvent il s'arrêtait et raisonnait avec eux : « si les ennemis étaient sur ce col et que nous nous trouvions ici avec notre armée, qui de nous aurait l'avantage ? Comment pourrait-on, en gardant l'ordre, aller les trouver ? Si nous voulions nous retirer, comment devrions-nous faire ? Si eux se retiraient, comment devrions-nous les suivre ? » Et il leur proposait, en avançant, tous les cas qui peuvent se présenter à une armée, il écoutait leur opinion, disait la sienne, la confortait par des raisons, si bien que, grâce à ces continuelles cogitations, il ne pouvait jamais, lorsqu'il guidait les armées, naître aucun accident dont il n'avait pas le remède.

Mais quant à l'exercice de l'esprit, le prince doit lire les histoires et considérer en celles-ci les actions des hommes excellents, voir comment ils se sont gouvernés dans les guerres, examiner les causes de leurs victoires et de leurs défaites, pour pouvoir fuir celles-ci et imiter celles-là ; et surtout faire comme a fait, dans le passé, quelque homme excellent qui a pris en imitation un homme qui, avant lui, a été loué et glorifié, et de celui-ci a toujours tenu auprès de lui les gestes et les actions, comme on dit qu'Alexandre le Grand imitait Achille, César, Alexandre, Scipion, Cyrus [1]. Et quiconque lit la vie de Cyrus écrite par Xénophon, reconnaît ensuite dans la vie de Scipion combien cette imitation lui fut glorieuse et combien, dans la chasteté, l'affabilité, l'humanité, la libéralité, Scipion se conformait aux choses qui avaient été écrites sur Cyrus par Xénophon [2].

Un prince sage doit observer de semblables manières et ne jamais dans les temps de paix rester dans le loisir, mais en faire un capital avec industrie, pour pouvoir s'en

---

1. Selon Plutarque, *Philopœmen*, 4, le général était un tel lecteur. Sur les imitateurs, sources : Plutarque, *Vie d'Alexandre* et *Vie de Jules César*, Suétone, *Divus Iulius*, Cicéron, *Ad Quintum fratrem*, I, 8-23. **2.** Scipion (236-183 av. J.-C.), général romain qui conquit Carthage. Contrairement à ce qu'indique ce passage, son humanité est critiquée au chap. 17. Cf. à son propos les *Discours*, I, 10, 11, 29, 58, 60 ; II, 12, 32 ; III, 1, 9, 10, 20, 21, 31, 34.

servir dans l'adversité afin que la fortune, quand elle change, le trouve prêt à lui résister.

15

Des choses pour lesquelles les hommes et surtout les princes sont loués ou blâmés [1]

Il reste maintenant à voir quels doivent être les manières et les gouvernements d'un prince ou avec les sujets ou avec les amis ; et parce que je sais que beaucoup ont écrit à ce sujet, je redoute, en écrivant moi aussi là-dessus, d'être tenu pour présomptueux, m'éloignant, surtout en disputant de cette matière, des ordres d'autrui. Mais mon intention étant d'écrire chose qui soit utile à qui la comprend, il m'a paru plus convenable d'aller droit à la vérité effective de la chose qu'à l'imagination de celle-ci ; et beaucoup se sont imaginés des républiques et des principats qui ne se sont jamais vus ni n'ont été connus pour vrais [2]. Parce qu'il y a si loin de la manière dont on vit à celle dont ont devrait vivre que celui qui laisse ce qui se fait pour ce qui devrait se faire, apprend plus vite sa ruine que sa préservation ; parce qu'un homme qui veut faire en toutes parts profession d'homme bon, il convient qu'il aille à sa ruine parmi tant qui ne sont pas bons. Il est donc nécessaire à un prince qui veut

---

1. Cf. Annexe 2, p. 171, pour le commentaire des chap. 15-21.
2. On peut certes chercher à identifier qui est visé ici ; mais il faut remarquer que Machiavel a délibérément renoncé à citer des noms. De Platon à Matteo Palmieri, auteur de la *Vita civile,* en passant par Dante, saint Thomas d'Aquin, ses disciples et les auteurs des miroirs princiers, ils sont nombreux à avoir élaboré des utopies ou formulé des normes de l'art de gouverner. Le refus des cités imaginaires est partagé par certains de ses contemporains, cf. F. Guicciardini, *Dialogue sur la façon de régir Florence.*

se maintenir d'apprendre à pouvoir n'être pas bon et à en user et ne pas en user selon la nécessité.

Renonçant donc aux choses imaginées à propos d'un prince, et discourant de celles qui sont vraies, je dis que tous les hommes, quand on en parle, et surtout les princes, pour être placés plus haut, sont remarqués pour certaines de ces qualités qui leur apportent ou blâme ou louange. C'est-à-dire que tel est tenu pour libéral, un autre pour chiche, pour user d'un terme toscan — parce qu'avare, dans notre langue, est aussi celui qui, par rapine, désire avoir ; nous nommons chiche celui qui s'abstient de trop user le sien [1] ; tel est tenu pour donneur, un autre pour rapace ; tel, cruel, un autre, pitoyable ; l'un, parjure, l'autre, digne de foi ; l'un, efféminé et pusillanime, l'autre, féroce et courageux ; l'un, humain, l'autre, superbe ; l'un, lascif, l'autre, chaste ; l'un, entier, l'autre, rusé ; l'un, dur, l'autre, facile ; l'un, grave, l'autre, léger ; l'un, religieux, l'autre, incrédule, et autres choses semblables. Et je sais que chacun confessera que ce serait chose très louable de trouver un prince qui, de toutes les qualités mentionnées ci-dessus, aurait celles qui sont tenues pour bonnes. Mais, parce qu'on ne peut toutes les avoir, ni les observer entièrement, à cause des conditions humaines qui ne le consentent pas, il lui est nécessaire d'être assez prudent qu'il sache fuir le mauvais renom de ces vices qui lui enlèveraient l'état, et se garder, si cela lui est possible, de ceux qui ne le lui prennent pas, mais, ne le pouvant pas, il peut s'y laisser aller avec moins de circonspection ; et même, qu'il n'ait cure d'encourir le mauvais renom de ces vices sans lesquels il peut difficilement sauver l'état, parce que, si l'on considère bien tout, on trouvera quelque chose qui paraîtra vertu, mais en le suivant, ce sera la ruine, et quelqu'autre qui paraîtra vice, mais en le suivant, il en résulte sécurité et bien-être.

---

1. Ce choix — *misero*, chiche, et non *avaro*, avare — témoigne du souci qu'a Machiavel de trouver le mot juste. Sur l'intérêt qu'il portait aux questions relatives à la langue, cf. son *Discours ou dialogue sur notre langue*. « Le sien » désigne ici le bien, les richesses.

16

De la libéralité et de la parcimonie

Commençant par les premières qualités nommées cidessus, je dis qu'il serait bon d'être tenu pour libéral. Néanmoins, la libéralité, usée de manière à ce que tu sois tenu pour tel, t'offense, parce que si on en use vertueusement et comme on doit en user, elle ne se connaîtra pas et ne te débarrassera pas du mauvais renom de son contraire ; et c'est pourquoi, à vouloir, parmi les hommes, se maintenir le nom de libéral, il est nécessaire de ne renoncer à aucune sorte de somptuosité, si bien qu'un prince ainsi fait consumera dans de semblables œuvres toutes ses facultés. Et il sera finalement dans la nécessité, s'il veut se maintenir le nom de libéral, de grever extraordinairement les peuples et d'être sans indulgence, et de faire toutes les choses qui peuvent se faire pour avoir de l'argent[1] ; ce qui commencera à le rendre haïssable à ses sujets[2], ou peu estimé de chacun, puisqu'il devient pauvre[3] ; de manière qu'avec cette libéralité, ayant offensé beaucoup de sujets et récompensé peu, il se ressent du premier désagrément qui survient et périt du premier péril venu ; connaissant cela et voulant s'en retirer, il encourt tout de suite le mauvais renom de chiche. Un prince ne pouvant donc user, de manière à ce qu'elle soit connue, de cette vertu du libéral sans dommage pour lui, doit n'avoir cure du nom de chiche s'il est prudent[4] ; parce qu'avec le temps, il sera toujours tenu pour très libéral, voyant que ses recettes lui suffisent, grâce à sa parcimo-

---

1. Sources : Cicéron, *Des devoirs*, I, 42 et 44, Tacite, *Histoires*, III, 86. Cf. la lettre aux Dix du 10 février 1508. **2.** Tout au long des chap. 15-21, l'allusion à la haine des sujets envers leur prince est récurrente. L'analyse des qualités du prince n'est pas dissociable des passions manifestées par les sujets (haine, amour, amitié, peur, etc.). **3.** Selon G. Inglese, Machiavel a en tête l'exemple de l'empereur Maximilien. **4.** On lit l'opinion inverse dans les *Histoires florentines*, VII, 5.

nie, qu'il peut se défendre de qui lui fait la guerre, qu'il peut mener des entreprises sans grever les peuples[1]. Si bien qu'il en vient à user de libéralité envers tous ceux à qui il ne prend pas, qui sont infinis, et de chicheté envers tous ceux à qui il ne donne pas, qui sont peu.

De notre temps, nous n'avons pas vu faire de grandes choses, sinon par ceux qui sont tenus pour chiches, les autres être anéantis. Le pape Jules II, après s'être servi du nom de libéral pour atteindre la papauté[2], ne pensa pas ensuite, pour pouvoir faire la guerre, à se le maintenir. Le présent roi de France[3] a fait tant de guerres sans imposer extraordinairement les siens seulement parce que sa longue parcimonie a pourvu aux dépenses superflues. Le présent roi d'Espagne, s'il était tenu pour libéral, n'aurait pas mené victorieusement tant d'entreprises[4]. Par conséquent, un prince doit faire peu de cas d'encourir le nom de chiche, pour n'avoir pas à voler ses sujets, pour pouvoir se défendre, pour ne pas devenir pauvre et méprisable, pour n'être pas forcé de devenir rapace, parce que celui-ci est un de ces vices qui le font régner. Et si quelqu'un disait « César[5] parvint au pouvoir avec la libéralité, et bien d'autres, pour avoir été et être tenus pour libéraux, ont atteint des rangs très grands », je réponds : ou tu es fait prince, ou tu es en voie de l'acquérir. Dans le premier cas, cette libéralité est dommageable ; dans le second, il est bien nécessaire d'être et d'être tenu pour libéral ; et César était un de ceux qui voulaient parvenir au principat de Rome ; mais si, après qu'il y était parvenu, il eût survécu et ne se fût pas tempéré dans ses dépenses, il aurait détruit ce pouvoir. Et si quelqu'un répliquait « beaucoup ont été princes et avec les armées ont fait de grandes choses, qui ont été tenus pour

---

1. Trois termes sont utilisés pour évoquer les impôts : *dazi* (chap. 3), *gravare* (ic) et *taglie* (chap. 21). **2.** Allusion au fait que Jules II offrit de l'argent et promit des charges, en échange de son élection à la papauté. **3.** Louis XII, mort le 31 décembre 1514. **4.** Machiavel évoque Ferdinand d'Espagne. **5.** César (100 - 44 av. J.-C.) domina la politique romaine d'abord avec Crassus et Pompée (éliminés en 53 et en 48), puis seul. Il mourut assassiné. Cf. à son propos les *Discours*, I, 10, 17, 33, 34, 37, 46, 52 ; III, 6, 13, 24.

très libéraux », je te réponds : ou le prince dépense le sien et celui de ses sujets, ou celui d'autrui. Dans le premier cas, il doit être parcimonieux, dans le second, il ne doit renoncer à aucune part de libéralité. Et ce prince qui va avec les armées, qui se repaît de butins, de sacs et de rançons, manie celui d'autrui, et cette libéralité lui est nécessaire — autrement, il ne serait pas suivi par les soldats. Et de ce qui n'est pas à toi ou à tes sujets, on peut être très large donneur, comme furent Cyrus, César et Alexandre, parce que dépenser celui d'autrui ne t'ôte pas de la réputation, mais t'en ajoute [1]. Ce qui te nuit est seulement de dépenser le tien. Et il n'y a chose qui se consume elle-même comme la libéralité, pendant que tu en uses, tu perds la faculté d'en user et tu deviens ou pauvre et méprisable ou, pour fuir la pauvreté, rapace et haïssable et parmi toutes les choses dont un prince doit se garder, il y a le fait d'être méprisé et haïssable et la libéralité, à l'une et à l'autre, te conduit. Par conséquent, il y a plus de sagesse à garder le nom de chiche, qui engendre un mauvais renom sans haine, qu'être dans la nécessité, pour vouloir le nom de libéral, d'encourir le nom de rapace, qui engendre un mauvais renom avec haine.

17

De la cruauté et de la pitié, et s'il est mieux d'être aimé que craint, ou le contraire

Continuant ensuite avec les autres qualités évoquées auparavant, je dis que chaque prince doit désirer être tenu pour pitoyable et non pour cruel. Néanmoins, il doit faire attention à ne pas mal user de cette pitié [2]. César Borgia était tenu pour cruel ; néanmoins, sa cruauté avait redressé la Romagne, l'avait unie, réduite à la paix et à

1. Anacoluthe. 2. Machiavel reprend sa réflexion sur l'usage de la cruauté, amorcée aux chap. 7 et 8.

la foi[1]. Si on considère bien ceci, on verra que celui-ci a été beaucoup plus pitoyable que le peuple florentin qui, pour fuir le nom de cruel, laissa détruire Pistoia[2]. Par conséquent, un prince doit n'avoir cure du mauvais renom de cruel, pour tenir ses sujets unis et dans la foi, parce qu'avec très peu d'exemples, il sera plus pitoyable que ceux qui, par une pitié excessive, laissent s'ensuivre les désordres, dont il peut naître meurtres ou rapines ; parce que ceux-ci offensent habituellement l'ensemble tout entier des sujets, et ces exécutions qui viennent du prince offensent un particulier. Et il est impossible au prince nouveau, parmi tous les princes, de fuir le nom de cruel, les nouveaux états étant pleins de périls. Et Virgile dit, par la bouche de Didon « les circonstances difficiles et la nouveauté du règne m'obligent à prendre de telles mesures et à tenir les frontières avec une garde déployée[3] ». Néanmoins, il doit être réservé dans ses croyances et ses mouvements et ne pas se faire peur lui-même, et tempéré par la prudence et l'humanité, procéder de manière à ce que l'excessive confiance ne le rende pas imprudent et l'excessive défiance ne le rende pas intolérable.

Il naît de cela une dispute, s'il est mieux d'être aimé que craint ou le contraire[4]. On répond qu'il faudrait être l'un et l'autre ; mais parce qu'il est difficile de les accorder ensemble, il est beaucoup plus sur d'être craint qu'aimé, quand on doit manquer de l'un des deux. Parce que des hommes, on peut généralement dire ceci, qu'ils

---

1. Cette affirmation est étayée par le récit de la « pacification » de la Romagne au chap. 7. **2.** Cf. *Rapport sur les actions entreprises par la république de Florence pour pacifier les factions de Pistoia*, *Des affaires de Pistoia*, *Discours*, III, 27. Allusion à l'incapacité de Florence d'empêcher l'affrontement entre les factions pro et anti-médicéennes de la cité en 1500 et à la nécessité de l'occuper en 1502. **3.** Didon prononce ces paroles lorsqu'elle accueille Énée et ses compagnons dans l'*Énéide*, I, 563-564 (trad. de J. Perret, Gallimard, Folio classique, 1991, p. 69). **4.** Passage obligé des miroirs du prince. Cf. *Discours*, III, 19.

sont ingrats, inconstants, simulateurs, et dissimulateurs[1], fuyards devant les périls, avides de gains ; et tandis que tu fais leur bien, ils sont tout à toi, ils t'offrent le sang, les biens, la vie et les fils, comme j'ai dit ci-dessus, quand le besoin est éloigné ; mais quand il s'approche de toi, ils se détournent ; et ce prince qui s'est entièrement fondé sur leurs paroles, se trouvant dénué d'autre préparatif, va à sa ruine, parce que les amitiés qui s'acquièrent contre paiement, et non avec la grandeur et la noblesse d'esprit, elles s'achètent, mais ne se possèdent pas et ne peuvent, à l'échéance, être dépensées[2]. Et les hommes offensent avec moins de circonspection quelqu'un qui se fait aimer que quelqu'un qui se fait craindre, parce que l'amour est tenu par un lien d'obligation qui est rompu, les hommes étant mauvais, dès qu'une occasion d'utilité propre se présente, mais la crainte est tenue par une peur de peine qui ne t'abandonne jamais[3].

Le prince doit néanmoins se faire craindre de manière à ce que, s'il n'acquiert pas l'amour, il fuie la haine, parce qu'être craint et n'être pas haï peuvent très bien aller ensemble. Ce qu'il fera toujours, s'il s'abstient du bien de ses citoyens et de ses sujets et de leurs femmes[4]. Et quand, toutefois, il aurait besoin de procéder contre le

---

1. Salluste, *Conjuration de Catilina*, V, 4. **2.** Cf. *Discours*, II, 30. Source éventuelle : Tacite, *Histoires*, III, 86. **3.** Selon Machiavel, les hommes sont-ils par nature mauvais ou faut-il les supposer mauvais lorsqu'on gouverne et légifère (cf. *Le Prince*, 18, 23 et les *Discours*, I, 3, 9, 18, 42) ? La réponse demeure en suspens. Cf. l'analyse de Spinoza : « *Par conséquent, un État qui, pour assurer son salut, s'en remettrait à la bonne foi de quelque individu que ce soit et dont les affaires ne pourraient être convenablement gérées, que par des administrateurs de bonne foi, reposerait sur une base bien précaire ! Veut-on qu'il soit stable ? Les rouages publics devront alors être agencés de la façon que voici : à supposer indifféremment que les hommes, chargés de les faire fonctionner, se laissent guider par la raison ou par les sentiments, la tentation de manquer de conscience ou d'agir mal ne doit pas pouvoir s'offrir à eux.* » (*Traité de l'autorité politique*, I, 6, p. 921). **4.** Aristote, cité par Machiavel dans les *Discours*, III, 26, au même sujet, a mis en garde les tyrans contre les « attentats sexuels » sur la personne des sujets (*Politiques*, V, 1311a, p. 389).

sang de quelqu'un, le faire quand il y a une justification convenable et une cause manifeste. Mais surtout s'abstenir des biens d'autrui, parce que les hommes oublient plus vite la mort du père que la perte du patrimoine ; ensuite, les causes pour enlever les biens ne manquent jamais et toujours, celui qui commence à vivre de rapines trouve une cause pour prendre possession de ceux d'autrui ; et, contre le sang, elles sont au contraire plus rares et manquent plus vite[1].

Mais quand le prince est avec les armées et gouverne une multitude de soldats, il est alors tout à fait nécessaire de n'avoir cure du nom de cruel, parce que, sans ce nom, on ne tient jamais une armée unie ni disposée à quelque faction[2]. Parmi les admirables actions d'Hannibal, on compte celle-ci, qu'ayant une très grosse armée, où se mêlaient des hommes d'une infinité de peuples, conduite pour servir en terre étrangère, il n'y surgit jamais aucune dissension, ni entre eux, ni contre le prince, tant dans la mauvaise que la bonne fortune. Ce qui ne peut naître de rien d'autre que de son inhumaine cruauté ; jointe à ses infinies vertus, elle le rendit toujours respectable et terrible au regard de ses soldats[3]. Et sans celle-ci, ses autres vertus ne suffisaient pas pour produire cet effet ; et les écrivains, qui ont mal considéré cela, d'une part admirent son action, d'autre part condamnent la principale cause de celle-ci[4]. Et qu'il soit vrai que ses autres vertus n'auraient pas suffi, on peut le considérer avec Scipion, très rare non seulement en son temps, mais dans toute la mémoire des choses qui se savent, dont les armées en Espagne se rebellèrent[5] ; ce qui ne naquit de rien d'autre que de son excessive pitié, qui avait donné à ses soldats plus de licence qu'il n'en convenait à la discipline militaire, chose qui lui fut reprochée par Fabius Maximus au sénat et il fut appelé par lui corrupteur de la milice ro-

---

1. Cf. *Discours*, III, 6 et 19. **2.** Machiavel emploie le terme de *fazione*, qui renvoie ici au combat militaire. **3.** Source : Tite-Live, *Histoire romaine* et notamment XXI, 4, 9 et XXVIII, 12, 2-5. **4.** Cf. *Caprices à Soderini* (1506) et *Discours*, III, 21. **5.** Source : Tite-Live, *Histoire romaine*, XXVIII, 24-29.

maine[1]. Les Locriens, étant détruits par un légat de Scipion, ne furent pas vengés, pas plus que l'insolence de ce légat ne fut corrigée par lui, tout naissant de sa nature facile ; si bien que quelqu'un, voulant l'excuser au sénat, dit qu'il y avait beaucoup d'hommes qui savaient mieux ne pas commettre d'erreur que corriger les erreurs. Cette nature aurait avec le temps sali la renommée et la gloire de Scipion, s'il avait persévéré au pouvoir avec elle ; mais vivant sous le gouvernement du sénat, cette qualité dommageable non seulement ne se manifesta pas, mais elle contribua à sa gloire. Je conclus donc que, concernant le fait d'être craint et aimé, les hommes aimant à leur guise et craignant à la guise du prince, un prince sage doit se fonder sur ce qui est sien, non sur ce qui est à autrui ; il doit seulement s'ingénier à fuir la haine, comme il est dit.

18

Comment les princes doivent observer la foi

Combien il serait louable chez un prince de maintenir la foi et de vivre avec intégrité, et non avec ruse, chacun le comprend ; néanmoins, on voit d'expérience ces princes avoir fait, de notre temps, de grandes choses, qui ont fait peu de cas de la foi et qui ont su circonvenir les cervelles des hommes et ils ont finalement triomphé de ceux qui se sont fondés sur la sincérité.

Vous devez donc savoir qu'il y a deux genres de combats : l'un, avec les lois, l'autre, avec la force ; ce premier est propre à l'homme, ce second, aux bêtes. Mais parce que, maintes fois, le premier ne suffit pas, il

1. Source : Tite-Live, *Histoire romaine*, XXIX, 8-21. Fabius Maximus était un général romain.

convient de recourir au second[1] ; par conséquent, il est nécessaire à un prince de savoir bien user de la bête et de l'homme. Cette partie a été enseignée, à mots couverts, aux princes par les écrivains anciens, qui écrivent qu'Achille et de nombreux autres princes anciens furent donnés à élever à Chiron le centaure, qui les instruisit à son école[2]. Avoir pour précepteur un être mi-bête, mi-homme, cela ne veut rien dire d'autre, sinon qu'il faut qu'un prince sache user de l'une et de l'autre nature, et l'une sans l'autre n'est pas durable.

Étant donc dans la nécessité de savoir bien user de la bête, un prince doit prendre, de celles-ci, le renard et le lion, parce que le lion ne se défend pas des filets, le renard ne se défend pas des loups ; il faut donc être renard pour connaître les filets et lion pour effrayer les loups[3]. Ceux qui s'en tiennent simplement au lion ne s'y entendent pas. Un seigneur prudent, par conséquent, ne peut ni ne doit observer la foi quand une telle observance se retourne contre lui et quand les causes qui la firent promettre ne

---

1. Référence transparente à Cicéron. Mais la manière dont Machiavel reprend son propos et la différence entre les deux contextes d'énonciation révèlent leurs divergences. Cicéron réfléchit sur l'idée de guerre juste : « *Dans la république il faut avant tout observer les droits de la guerre : il y a deux sortes de conflits, qui se règlent, les uns par un débat, les autres par la violence : comme le premier est particulier à l'homme et que l'autre lui est commun avec les bêtes, il ne faut recourir au second que s'il est impossible d'employer le premier moyen. C'est pourquoi le seul motif pour entreprendre une guerre, c'est le désir de vivre en paix sans injustice.* », *Des devoirs*, I, 34-35, trad. de É. Bréhier, in : *Les Stoïciens*, NRF Gallimard, 1962, p. 507. **2.** Le centaure Chiron, évoqué par Xénophon, *Cyropédie*, IV, 3, 17, est un monstre mythologique, fils du dieu Chronos, qui éduqua Achille, Asclépios et Jason. **3.** Machiavel s'inspire de nouveau de Cicéron, *Des devoirs*, I, 41, tout en déformant sa pensée pour l'adapter à son propos : « *On peut être injuste de deux manières, ou par violence ou par ruse ; la ruse est l'affaire du renard, la violence celle du lion ; l'une et l'autre sont tout ce qu'il y a de plus étranger à l'homme, mais la ruse est la plus détestable des deux.* », *op. cit.*, p. 510. Pour la référence au lion et au loup, cf. Plutarque, *Vie de Lisandre* et *Vie de Silla* ; Dante, *Enfer*, XXVII, 74-75.

sont plus[1]. Et si les hommes étaient tous bons, ce précepte ne serait pas bon ; mais parce qu'ils sont mauvais et ne l'observeraient pas envers toi, toi non plus, tu n'as pas à l'observer envers eux ; et jamais ne manquèrent à un prince les causes légitimes pour colorer son inobservance. De cela, on pourrait en donner d'infinis exemples modernes et montrer combien de paix, combien de promesses ont été rendues, par l'infidélité des princes, nulles et vaines. Et celui qui a su mieux user du renard a mieux réussi. Mais il est nécessaire de bien savoir colorer cette nature et d'être grand simulateur et dissimulateur et les hommes sont si simples, et ils obéissent tant aux nécessités présentes que celui qui trompe trouvera toujours quelqu'un qui se laissera tromper.

Je ne veux pas taire l'un des exemples frais : Alexandre VI ne fit jamais rien d'autre, ne pensa jamais à rien d'autre qu'à tromper les hommes, et il trouva toujours sujet pour pouvoir le faire et il n'y eut jamais homme qui assertât avec plus d'efficacité, qui affirmât une chose avec de plus grands serments et qui l'observât moins. Cependant, les tromperies lui réussirent toujours à souhait, parce qu'il connaissait bien cette part du monde[2].

Il n'est donc pas nécessaire à un prince d'avoir en fait toutes les qualités susdites, mais il est bien nécessaire de paraître les avoir[3]. Je m'enhardirai même à dire cela, qu'elles sont dommageables, si on les a et les observe toujours et sont utiles, si on paraît les avoir : ainsi, paraître pitoyable, fidèle, humain, entier, religieux, et l'être, mais avoir l'esprit édifié, de manière que tu puisses et saches devenir le contraire, lorsqu'il ne faut pas l'être. Et il faut comprendre cela, qu'un prince, et surtout un prince nouveau, ne peut observer toutes les choses pour lesquelles les hommes sont appelés bons, étant souvent

---

1. Cf. *Discours*, III, 41 et 42. **2.** D'après F. Guicciardini, *Histoire d'Italie*, VI, 2, la simulation et la dissimulation de tous les Borgia était devenue proverbiale. **3.** H. Arendt a incorporé à sa pensée de l'apparence et de la vertu /virtuosité une interprétation de la conception machiavélienne (*La Vie de l'esprit, I, La pensée,* trad. de L. Lotringer, PUF, 1981).

dans la nécessité, pour maintenir l'état, d'œuvrer contre la foi, contre la charité, contre l'humanité, contre la religion. Et c'est pourquoi il faut qu'il ait un esprit disposé à se tourner selon ce que les vents de la fortune et les variations des choses lui commandent[1], et comme je l'ai dit plus haut, ne pas quitter le bien, quand il peut, mais savoir entrer dans le mal, quand cela lui est nécessaire.

Un prince doit donc avoir grand cure qu'il ne lui sorte de la bouche chose qui ne soit pleine des cinq qualités susdites et qu'il paraisse, à l'entendre et à le voir, toute pitié, toute foi, toute intégrité, toute humanité, toute religion, et il n'y a rien de plus nécessaire que de paraître avoir cette qualité. Et les hommes jugent généralement plus avec les yeux qu'avec les mains, parce qu'il échoit à chacun de voir, à peu de sentir ; chacun voit ce que tu parais, peu sentent ce que tu es[2] et ce petit nombre ne s'enhardit pas à s'opposer à l'opinion de beaucoup, qui ont la majesté de l'état pour les défendre ; et dans les actions de tous les hommes et surtout des princes, pour lesquelles il n'y a pas de tribunal auprès de qui protester, on regarde la fin[3]. Qu'un prince fasse donc en sorte de vaincre et de maintenir l'état et les moyens seront toujours jugés honorables et seront loués de chacun, parce que le vulgaire est pris par ce qui paraît et par ce qu'il advient de la chose ; et dans le monde, il n'y a que le vulgaire et le petit nombre n'y a pas de place, quand le grand nombre a sur quoi s'appuyer. Quelque prince de notre temps, qu'il est bon de ne pas nommer[4], ne prêche jamais rien d'autre que paix et foi, et de l'une et de l'autre est très ennemi et l'une et l'autre, s'il les avait

---

1. Cette affirmation prendra tout son sens à la lumière de l'analyse proposée au chap. 25. **2.** Les sens sont de nouveau mobilisés pour décrier au prince la vérité effective des choses. **3.** Cf. la lettre aux Dix, du 28 octobre 1503 et la *Vie de Castruccio Castraccani* : « *Pouvant vaincre par la ruse, il ne cherchait pas à le faire par la force. Car il disait que c'était la victoire qui apportait la gloire, et non la manière de l'emporter.* » (*Œuvres*, p. 647.) **4.** Sans doute Ferdinand d'Espagne.

observées, lui auraient ôté la réputation et l'état maintes fois.

19

Qu'il faut fuir le mépris et la haine[1]

Mais parce que, des qualités dont il est fait mention plus haut, j'ai parlé des plus importantes, je veux discourir des autres brièvement sous ces généralités : que le prince pense, comme il est dit en partie plus haut, à fuir ces choses qui le rendent haïssable et méprisable, et toutes les fois qu'il fuira cela, il se sera acquitté de son ouvrage et ne trouvera aucun péril dans les autres mauvais renoms. Être rapace et usurpateur des biens et des femmes des sujets, c'est par-dessus tout ce qui, comme je l'ai dit, le rend haïssable — de cela, il doit s'abstenir. Et toutes les fois qu'à l'ensemble des hommes, on ne prend ni honneur ni biens, ils vivent contents et on doit seulement combattre l'ambition du petit nombre, que l'on réfrène de nombreuses manières et facilement. Être tenu pour inconstant, léger, efféminé, pusillanime, irrésolu, c'est ce qui le rend méprisable — de cela, un prince doit se garder comme d'un écueil et s'ingénier à ce qu'on reconnaisse grandeur, courage, gravité, force dans ses actions[2] et vouloir, concernant les manœuvres privées entre sujets[3], que sa sentence soit irrévocable et se maintenir dans une opi-

---

1. Ce chapitre, revenant sur la haine du peuple, est un complément essentiel du chap. 9. **2.** Haine et mépris sont mentionnés par Aristote comme des causes de révolte contre les tyrans (*Les Politiques*, V, p. 393). De nombreux passages du chapitre font écho au livre V ; aussi invitons-nous le lecteur à les lire parallèlement, en gardant à l'esprit qu'Aristote parle du tyran et Machiavel du prince nouveau. **3.** G. Inglese invite à comprendre le terme *maneggi* — manœuvres — au sens des « affaires privées ».

nion telle que personne ne pensera à le tromper ni à le circonvenir.

Ce prince, qui donne de lui cette opinion, est très réputé, et contre qui est réputé, on conjure difficilement, on l'attaque difficilement, pourvu qu'on comprenne qu'il est excellent et respecté des siens. Parce qu'un prince doit avoir deux peurs — une, à l'intérieur, au compte des sujets, l'autre, au dehors, au compte des potentats extérieurs. De celle-ci, il se défend avec les bonnes armes et les bons amis et s'il a de bonnes armes, il aura de bons amis. Et les choses du dedans demeureront toujours fermes, quand celles du dehors demeureront fermes, à moins qu'elles ne soient perturbées par une conjuration[1] ; et quand celles du dehors se mettraient en mouvement, s'il est ordonné et a vécu comme je l'ai dit, s'il ne s'abandonne pas[2], il soutiendra toujours tous les assauts, comme j'ai dit que fit Nabis de Sparte[3].

Mais, concernant les sujets, lorsque les choses du dehors ne se mettent pas en mouvement, on doit craindre qu'ils ne conjurent secrètement, ce dont le prince s'assure assez en fuyant la haine et le mépris et en tenant le peuple satisfait de lui, ce à quoi il est nécessaire de parvenir, comme il est dit longuement ci-dessus. Et un des remèdes les plus puissants qu'a un prince contre les conjurations est de ne pas être haï de l'ensemble du peuple, parce que qui conjure croit toujours satisfaire le peuple par la mort du prince, mais s'il croit l'offenser, il n'a pas l'esprit résolu à prendre un parti semblable, parce que les difficultés qui sont du côté des conjurateurs sont infinies et, d'expérience, on voit qu'il y a eu beaucoup de conjurations et que peu ont eu une bonne fin. Parce que qui conjure ne peut être seul, ni ne peut prendre de compagnie, sinon parmi ceux qu'il croit être mécontents et à peine as-tu découvert ton esprit à un mécontent que tu lui donnes

1. Cf. chap. 25 et *Discours*, II, 29. **2.** Cf. *Discours*, III, 6. **3.** A propos de Nabis de Sparte, cf. chap. 9.

matière à se contenter, parce qu'en te dénonçant[1], il peut en espérer toutes les commodités ; de telle sorte que, voyant de ce côté le gain sûr, et de l'autre, le voyant incertain et plein de périls[2], il convient bien ou qu'il soit un ami rare ou qu'il soit un ennemi tout à fait obstiné du prince pour qu'il t'observe la foi. Et pour réduire la chose à peu de termes, je dis que, du côté du conjurateur, il n'y a rien d'autre que peur, jalousie et soupçon de la peine qui l'effraye, mais du côté du prince, il y a la majesté du principat, les lois, les défenses des amis et de l'état, qui le défendent, de telle sorte que, la bienveillance populaire ajoutée à toutes ces choses, il est impossible que quelqu'un soit si téméraire qu'il conjure, parce qu'où, d'ordinaire, un conjurateur doit éprouver de la crainte avant l'exécution du mal, dans ce cas, il doit aussi, ayant le peuple pour ennemi, éprouver de la crainte ensuite, une fois le crime survenu, et ne pouvant pour cela espérer aucun refuge.

De cette matière, on pourrait donner d'infinis exemples, mais je veux seulement me contenter de l'un d'entre eux, survenu au temps de nos pères[3]. Messire Annibale Bentivoglio, aïeul du présent messire Annibale, qui était prince de Bologne, étant tué par les Canneschi qui conjurèrent contre lui, et personne d'autre ne demeurant que messire Giovanni qui était dans les langes, le peuple se souleva tout de suite après un tel homicide et tua tous les Canneschi ; ce qui naquit de la bienveillance populaire dont jouissait, en ce temps, la maison des Bentivoglio, qui fut telle que, personne ne restant de celle-ci à Bologne qui puisse, Annibale mort, diriger l'état et ayant l'indication qu'à Florence un Bentivoglio était né, qu'on tenait jusque-là pour le fils d'un forgeron, les Bolonais firent chercher celui-ci à Florence et lui donnèrent le gouvernement de cette cité, qui fut gouvernée par lui jusqu'à ce

---

1. G. Inglese a corrigé dans cette proposition *manifestandosi* (« en se dénonçant »), présent dans les mss D et G, en *manifestandoti* (« en te dénonçant »). **2.** Cf. Salluste, *Conjuration de Catilina*, 41. **3.** G. Inglese signale qu'on lit *a' tempi* dans le manuscrit Laurenziano, mais *alla memoria* dans d'autres.

que messire Giovanni parvint à l'âge convenable pour gouverner. Je conclus par conséquent qu'un prince doit faire peu de cas des conjurations, quand le peuple lui est bienveillant, mais s'il lui est ennemi et l'a en haine, il doit craindre de toutes choses et de tous ; et les états bien ordonnés et les princes sages ont pensé, en toute diligence, à ne pas désespérer les grands et à satisfaire le peuple et à le tenir content, parce que cela est une des matières les plus importantes qu'a le prince[1].

Parmi les royaumes bien ordonnés et gouvernés de notre temps, il y a celui de France[2], et on trouve en celui-ci une infinité de bonnes constitutions, dont dépendent la liberté et la sécurité du roi, dont la première est le parlement et son autorité ; parce que celui qui ordonna le royaume, connaissant l'ambition des puissants et leur insolence, et jugeant qu'un frein à la bouche, qui les corrigeât, leur était nécessaire, et connaissant d'autre part la haine de l'ensemble du peuple à l'égard des grands, fondée sur la peur, et voulant les rassurer[3], il ne voulut pas que celle-ci fut le souci particulier du roi, pour lui épargner la responsabilité qu'il pouvait avoir à l'égard des grands, en favorisant les gens du peuple, à l'égard des gens du peuple, en favorisant les grands. Et c'est

---

1. Cf. *Histoires florentines*, VI, 9-10. **2.** L'exemple français est repris dans les *Discours*, I, 16, 1, 58 et III, 1. Dans tous les cas, Machiavel s'intéresse aux lois, au respect dont elles font l'objet et aux contraintes qu'elles imposent aux rois et aux sujets. La France semble être un cas privilégié pour une réflexion sur la fondation et la réforme des ordres d'une cité. **3.** G. Inglese rapporte le pronom au pluriel d'*assicurargli* au singulier collectif *universale* : c'est donc le peuple qu'il s'agit de rassurer. S. Martelli propose une interprétation contraire. Il estime que le pronom se réfère aux grands ; corrélativement, dans la proposition suivante, il considère qu'il faut corriger « favorisait les petits » en « défavorisait les petits » (*favorissi* en *sfavorissi*) de façon à montrer que le parlement français ne se contente pas de battre les grands, mais réfrène aussi les petits. Nous n'adoptons pas cette reconstruction du texte, estimant qu'elle impose une interprétation discutable de la pensée de Machiavel et conservons celle de G. Inglese.

pourquoi il constitua un tiers juge[1] qui fut celui qui, sans responsabilité pour le roi, battait les grands et favorisait les petits. Cet ordre ne put être meilleur ni plus prudent et il ne pouvait y avoir cause plus grande de la sécurité du roi et du royaume. De cela, on peut tirer une autre chose remarquable, que les princes doivent faire administrer les choses qui accablent de responsabilité par les autres, celles qui confèrent de la grâce par eux-mêmes[2]. Et de nouveau, je conclus qu'un prince doit estimer les grands, mais ne pas se faire haïr du peuple.

Il paraîtrait peut-être à beaucoup, la vie et la mort de quelques empereurs romains étant considérées, qu'il y eût des exemples contraires à cette mienne opinion, trouvant quelqu'un qui a toujours vécu remarquablement et a montré une grande vertu d'esprit, qui a cependant perdu le pouvoir, ou été tué par les siens, qui ont conjuré contre lui. Voulant par conséquent répondre à ces objections, je discourrai des qualités de certains empereurs, montrant que les causes de leur ruine ne sont pas différentes de ce qui a été, par moi, allégué et je ferai à l'occasion considérer ces choses qui sont remarquables pour qui lit les actions de ce temps. Et je veux qu'il me suffise de prendre tous ces empereurs qui succédèrent au pouvoir, de Marc le philosophe jusqu'à Maximin, et ceux-ci furent Marc, Commode son fils, Pertinax, Julien, Sévère, Antonin Caracalla son fils, Macrin, Héliogabale, Alexandre et Maximin[3]. Et on doit d'abord remarquer que, là où, dans les autres principats, on doit seulement lutter contre l'ambition des grands et l'insolence des peuples, les empereurs romains avaient une troisième difficulté, d'avoir à supporter la cruauté et l'avarice des soldats, chose qui fut si difficile qu'elle fut cause de la ruine de beaucoup,

---

1. Il s'agit du Parlement, institué par Philippe le Bel en 1302 ; sa fonction était de rendre justice, indépendamment du roi et des seigneurs féodaux. **2.** Cf. Aristote, *Politiques*, V, 1315 a : « *et qu'il distribue lui-même ces honneurs, alors qu'il laissera à d'autres magistrats et à des tribunaux le soin des châtiments* », p. 402. Cf. aussi Xénophon, *Hiéron*, IX, 3. **3.** Source : Hérodien, *Histoire de l'Empire romain après Marc-Aurèle*, cf. *Discours*, I, 10.

satisfaire les soldats et les peuples étant difficile ; parce que les peuples aimaient la tranquillité et pour cela, les princes modestes leur étaient agréables, et les soldats aimaient un prince à l'esprit militaire et qui fût cruel, insolent et rapace ; ils voulaient qu'il exerçât ces choses sur les peuples, pour pouvoir avoir des gages doubles et assouvir leur avarice et leur cruauté [1]. Ces choses firent que ces empereurs qui, par nature ou art, n'avaient pas une grande réputation, telle qu'avec celle-ci, ils freinassent les uns et les autres, allaient toujours à leur ruine. Et beaucoup d'entre eux, surtout de ceux qui venaient au principat comme hommes nouveaux, une fois connue la difficulté de ces deux humeurs diverses, se consacraient à la satisfaction des soldats, faisant peu de cas des atteintes portées au peuple, parti qui était nécessaire, parce que les princes ne pouvant manquer d'être haïs par quelqu'un, ils doivent d'abord s'efforcer de n'être pas haï des communautés [2] et quand ils ne peuvent atteindre cela, ils doivent fuir avec toute leur industrie la haine de ces communautés qui sont les plus puissantes ; et c'est pourquoi ces empereurs qui, par leur nouveauté, avaient besoin de faveurs extraordinaires, s'attachaient plutôt aux soldats qu'aux

---

1. La mention de cette troisième humeur, sans remettre en cause la description du conflit civil exposée au chapitre 9, en relativise néanmoins la portée. En aucun cas, on ne peut prétendre réduire toutes les configurations à celui-ci. On peut faire diverses hypothèses : l'essentiel dans la réflexion de Machiavel n'est peut-être pas le nombre d'humeurs, mais la dynamique conflictuelle sans fin qu'elles entretiennent ; mais on peut aussi envisager une tension, dans sa pensée, entre un modèle fondé sur le conflit de deux humeurs auquel il est tenté de donner la prééminence et, d'autre part, le constat de situations qui ne peuvent être appréhendées à partir de lui. **2.** Nous traduisons par « communauté » le terme *università*, dérivé du latin *universitas*, catégorie employée au Moyen-Age pour désigner « *l'idée d'une totalité homogène ordonnée sous un principe d'unité* » dans le champ de la vie civile : « *le mot renvoie moins à une association empirique quelconque — collection d'hommes, de choses ou d'animaux —, qu'à sa qualité de former une totalité une, une entité ayant en elle-même son principe d'existence sinon d'institution quand celui-ci a été reconnu* », in : G. Mairet, « L'universitas : l'idéal communautaire, modernité et archaïsme d'une idéologie », *Histoire des idéologies*, sous la dir. de F. Châtelet, Hachette, 1978, pp. 184-185.

peuples, ce qui cependant s'avérait utile ou non pour eux, selon que le prince savait ou non se maintenir réputé auprès d'eux.

De ces causes susdites vint que Marc, Pertinax et Alexandre, tous de vie modeste, amoureux de la justice, ennemis de la cruauté, humains, bienveillants, eurent tous, sauf Marc, une fin mauvaise. Marc[1] seul vécut et mourut très honoré, parce qu'il succéda au pouvoir par droit héréditaire et ne devait être redevable de celui-ci ni aux soldats, ni aux peuples ; ensuite, étant accompagné de nombreuses vertus qui le rendaient respectable, il tint toujours, tant qu'il vécut, l'un et l'autre ordre selon leurs termes, et il ne fut jamais ni haï ni méprisé. Mais Pertinax[2], créé empereur contre l'avis des soldats, et ceux-ci étant habitués à vivre dans la licence sous Commode, ne purent supporter cette vie honnête à laquelle Pertinax voulait les réduire ; c'est pourquoi, s'étant attiré la haine et cette haine s'étant ajoutée au mépris, parce qu'il était vieux, il alla à sa ruine dans les premiers commencements de son administration. Et on doit remarquer ici que la haine s'acquiert par les bonnes œuvres, comme par les mauvaises ; et c'est pourquoi, comme je l'ai dit ci-dessus, un prince, voulant maintenir son état, est souvent forcé de n'être pas bon ; parce que, quand cette communauté, dont tu juges avoir le plus besoin pour te maintenir, qu'elle soit ou peuples ou soldats ou grands, est corrompue, il te convient de suivre son humeur pour la satisfaire — et alors, les bonnes œuvres te sont ennemies.

Mais venons-en à Alexandre[3], qui fut si bon que, parmi les autres louanges qui lui sont attribuées, il y a celle-ci, qu'au cours des quatorze années où il tint le pouvoir, personne ne fut tué par lui sans être jugé. Néanmoins, étant tenu pour efféminé et pour un homme qui se laissait

---

1. Marc-Aurèle (121-180) : fils adoptif d'Antonin, auteur des *Pensées*. 2. Pertinax (126-193) : empereur après l'assassinat de Commode, tué par la garde prétorienne. 3. Alexandre Sévère (208-235) : empereur par la volonté des soldats prétoriens qui ont tué son cousin Héliogabale. Il tente de réformer l'armée, mais meurt assassiné.

gouverner par la mère, et méprisé pour cela, l'armée conspira contre lui et le tua.

Maintenant, discourant, par contraste, des qualités de Commode, de Sévère, d'Antonin Caracalla et de Maximin, vous les trouverez tous très cruels et très rapaces et ceux-ci, pour satisfaire les soldats, portèrent toutes les sortes d'atteintes qui se peuvent commettre contre les peuples. Et tous, excepté Sévère, eurent une fin mauvaise ; parce que Sévère fut si vertueux que, se maintenant les soldats en amitié, il put toujours régner heureusement, encore que les peuples fussent grevés par lui ; parce que ces vertus le rendaient si admirable au regard des soldats et des peuples que ceux-ci, d'une certaine manière, demeuraient stupides et stupéfaits, et ceux-là respectueux et satisfaits. Et parce que les actions de celui-ci furent grandes et remarquables pour un prince nouveau, je veux brièvement montrer combien il a su user du caractère du lion et du renard, dont je dis ci-dessus qu'il est nécessaire à un prince d'imiter les natures.

Sévère[1], une fois connue l'indolence de l'empereur Julien, persuada son armée, dont il était capitaine en Slavonie, qu'il était bon d'aller à Rome venger la mort de Pertinax, qui avait été tué par les soldats prétoriens. Et sous cette couleur, sans montrer qu'il aspirait au pouvoir, il mit l'armée en mouvement contre Rome et fut en Italie avant qu'on sache son départ. Arrivé à Rome, il fut élu, par crainte, empereur par le sénat et Julien fut tué. Après ce commencement, il restait à Sévère, comme il voulait devenir seigneur de tout l'état, deux difficultés : l'une en Asie, où Niger, chef des armées asiatiques, s'était fait appeler empereur, et l'autre au Ponant, où était Albin, qui lui aussi aspirait au pouvoir. Et parce qu'il jugeait périlleux de se découvrir l'ennemi de tous les deux, il décida d'attaquer Niger et de tromper Albin, auquel il écrivit qu'ayant été élu empereur par le sénat, il voulait partager cette dignité avec lui et il lui envoya le titre de César et,

1. Septime Sévère (146-211) : proclamé empereur par ses troupes. Cf. *Discours*, I, 10 et III, 6.

par décision du sénat, se l'adjoignit comme collègue ; ces choses furent acceptées par Albin pour vraies. Mais après que Sévère eut vaincu et tué Niger, puis apaisé les choses orientales, il s'en retourna à Rome, se plaignit au sénat qu'Albin, peu reconnaissant des bienfaits reçus de lui, avait cherché traîtreusement à le tuer et il était pour cela dans la nécessité d'aller le punir de son ingratitude ; ensuite, il alla le trouver en France et lui prit l'état et la vie. Et qui examinera minutieusement les actions de celui-ci trouvera qu'il était un lion très féroce et un renard très rusé et verra qu'il était craint et respecté de chacun et n'était pas haï des armées et il ne s'étonnera pas que lui, homme nouveau, ait pu détenir tant de pouvoir, parce que sa très grande réputation le défendit toujours de cette haine que les peuples, à cause des rapines, avaient pu concevoir [1].

Mais Antonin [2] son fils fut lui aussi un homme qui avait de très excellentes qualités et qui le rendaient admirable au regard des peuples et agréable aux soldats, parce qu'il était un homme militaire [3], supportant toute fatigue, contempteur de tout aliment fin et de toute autre mollesse, ce qui le faisait aimer de toutes les armées. Néanmoins, son intrépidité et sa cruauté furent si grandes et inouïes, pour avoir, après d'infinis meurtres particuliers, tué une grande partie du peuple de Rome et entièrement celui d'Alexandrie, qu'il devint très haïssable pour tout le monde et commença à être craint même par ceux qui l'entouraient ; de manière qu'il fut tué par un centurion au milieu de son armée. Où l'on doit remarquer que de semblables morts, qui surviennent par la décision d'un esprit obstiné, sont inévitables pour les princes, parce que, qui n'a cure de mourir peut l'offenser ; mais le prince doit bien moins les craindre, parce qu'elles sont très rares. Il

---

1. Cf. le chap. 18 à propos de cette analyse. **2.** Antonin Caracalla (186-217) : il tua son frère et fonda son pouvoir sur le soutien de l'armée et la violence. Il fut assassiné par Macrin. Cf. *Discours*, III, 6. **3.** L'expression *uomo militare* désigne l'homme de guerre, à la fois expérimenté, bon soldat et doué d'un caractère fait pour le combat et la discipline militaire.

doit seulement se garder de porter gravement atteinte à l'un de ceux dont il se sert et qu'il a autour de lui au service de son principat. Comme avait fait Antonin, qui avait outrageusement tué un frère de ce centurion et le menaçait chaque jour ; cependant il l'avait comme garde du corps, ce qui était un parti téméraire et propre à le mener à sa ruine, comme il lui arriva[1].

Mais venons-en à Commode[2], pour qui il y avait grande facilité à tenir l'Empire pour l'avoir, étant fils de Marc, de droit héréditaire et il lui suffisait seulement de suivre les traces de son père et il aurait satisfait et les soldats et les peuples. Mais, étant d'esprit cruel et bestial, il s'appliqua, pour pouvoir user de sa rapacité sur les peuples, à cultiver sa relation avec les armées et à les rendre licencieuses ; d'autre part, faisant fi de sa dignité, descendant souvent dans les théâtres combattre avec les gladiateurs et faisant d'autres choses très viles et peu dignes de la majesté impériale, il devint méprisable au regard des soldats. Et étant haï d'une part et méprisé de l'autre, on conspira contre lui et on le tua.

Il nous reste à relater les qualités de Maximin[3]. Celui-ci fut un homme très belliqueux, et les armées étant lassées de la mollesse d'Alexandre, dont j'ai discouru ci-dessus, une fois celui-ci tué, l'élurent au pouvoir, qu'il ne posséda pas beaucoup de temps, parce que deux choses le rendirent haï et méprisable : l'une, être très vil, pour avoir, dans le temps, gardé les moutons en Thrace, chose qui était très notoire, qui le rendait grandement dédaignable au regard de quiconque ; l'autre, parce qu'ayant, au début de son principat, différé le voyage à Rome et l'entrée en possession du siège impérial, il avait donné de lui l'opinion d'être très cruel, ayant exercé, par ses pré-

---

1. Cf. Aristote, *Politiques*, V, 1312 a, p. 392 et 1315 a, p. 403. **2.** Commode (161-192) : fils de Marc-Aurèle, empereur en 180, mort étranglé par un athlète qui conspira contre lui avec des citoyens condamnés à mort (cf. *Discours*, III, 6). **3.** Maximin (173-238) : proclamé empereur par ses soldats qui tuèrent Alexandre. Il ne vécut pas à Rome, guerroyant contre les Germains. Il mourut également assassiné par ses soldats (cf. *Discours*, I, 10).

fets, maintes cruautés à Rome et en tous les lieux de l'Empire ; de telle sorte que, tout le monde étant animé par le dédain, à l'égard de la vilenie de son sang et la haine, par la peur de son intrépidité, l'Afrique se rebella en premier, puis le sénat, avec tout le peuple de Rome et toute l'Italie, conspira contre lui ; à quoi s'ajouta sa propre armée qui, assiégeant Aquilée et trouvant de la difficulté à sa prise, lassée de sa cruauté et le craignant moins, pour lui voir tant d'ennemis, le tua.

Je ne veux pas raisonner à propos d'Héliogabale ni de Macrin, ni de Julien[1], qui, pour être tout à fait méprisables, furent anéantis tout de suite, mais je viendrai à la conclusion de ce discours. Et je dis que les princes de notre temps ont moins cette difficulté à satisfaire extraordinairement les soldats dans leurs gouvernements, parce que, bien qu'on doive avoir quelque considération envers eux, cependant cela se résout vite, aucun des ces princes ne tenant rassemblées des armées qui se sont établies dans les gouvernements et les administrations des provinces, comme l'étaient les armées de l'Empire romain. Et c'est pourquoi, s'il était alors nécessaire de satisfaire plus les soldats que les peuples, parce que les soldats pouvaient plus que les peuples, il est maintenant plus nécessaire à tous les princes, excepté le Turc et le Sultan[2], de satisfaire les peuples que les soldats, parce que les peuples peuvent plus que ceux-ci. De cela, j'excepte le Turc, celui-ci tenant rassemblés continuellement autour de lui douze mille fantassins et quinze mille cavaliers, dont dépendent la sécurité et la force de son royaume ; et il est nécessaire que ce seigneur se les maintienne amis, avant d'avoir égard à autre chose. De manière semblable, le royaume du Sultan étant tout entier entre les mains des soldats, il convient que lui aussi, sans égard pour le peuple, se les maintienne amis. Et vous devez remarquer que cet état du Sultan est différent de tous les

---

1. Macrin demeura empereur un an, Héliogabale, quatre ans et Julien quelques mois seulement. **2.** Selim I, le Turc, et le Sultan, roi d'Égypte, élu par les *mameluks*, cavaliers des anciennes milices égyptiennes.

autres principats, parce qu'il est semblable au pontificat chrétien, qui ne peut s'appeler ni principat héréditaire, ni principat nouveau ; parce que les fils du vieux prince ne sont pas héritiers et ne demeurent pas seigneurs, mais celui qui est élu à ce rang par ceux qui en ont l'autorité ; et cet ordre étant ancien, il ne peut s'appeler principat nouveau ; c'est pourquoi dans celui-ci, il n'y a aucune de ces difficultés qui sont dans les nouveaux ; parce que, si le prince est bien nouveau, les ordres de cet état sont vieux et ordonnés pour le recevoir comme s'il était leur seigneur héréditaire.

Mais tournons-nous vers notre matière. Je dis que quiconque considérera le discours écrit ci-dessus verra qu'a été cause de la ruine de ces empereurs susnommés ou la haine ou le mépris et il connaîtra aussi d'où vient qu'une partie d'entre eux procédant d'une manière, et une partie de manière contraire, quelle que soit celle-ci, l'un d'eux eut une fin heureuse et les autres malheureuse. Parce qu'à Pertinax et Alexandre, pour être des princes nouveaux, il fut inutile et dommageable de vouloir imiter Marc, qui était dans le principat de droit héréditaire et de manière semblable, à Caracalla, Commode et Maximin, imiter Sévère a été chose pernicieuse, pour n'avoir pas eu une vertu telle qu'elle suffisait à suivre ses traces. Par conséquent, un prince nouveau, dans un principat nouveau, ne peut imiter les actions de Marc et il n'est pas non plus nécessaire de suivre celles de Sévère, mais il doit prendre de Sévère ces parts qui sont nécessaires pour fonder son état, et de Marc, celles qui sont convenables et glorieuses, afin de conserver un état qui est déjà stabilisé et ferme.

20

Si les forteresses et beaucoup d'autres choses qui sont faites chaque jour par les princes sont utiles ou inutiles[1]

Certains princes, pour tenir leur état en sécurité, ont désarmé leurs sujets ; certains ont tenu leurs villes assujetties divisées ; certains ont nourri des inimitiés contre eux-mêmes ; certains se sont disposés à gagner ceux qui étaient suspects au début de leur état ; certains ont édifié des forteresses ; certains les ont ruinées et les ont détruites. Et bien qu'à propos de toutes ces choses, on ne puisse donner une sentence déterminée, si on n'en vient pas aux détails de ces états où une semblable décision devrait être prise, néanmoins, je parlerai de cette manière large que la matière, par elle-même, supporte.

Il n'arriva donc jamais qu'un prince nouveau désarmât ses sujets. Au contraire, quand il les a trouvés désarmés, il les a toujours armés, parce que, ainsi, ces armes deviennent tiennes, ceux qui te sont suspects deviennent fidèles et ceux qui étaient fidèles se maintiennent, et de sujets, ils se font tes partisans[2]. Et parce qu'on ne peut armer tous les sujets, quand tu fais du bien à ceux que tu armes, on peut agir avec les autres plus sûrement[3], et cette diversité dans la manière de procéder, qu'ils connaissent, fait qu'ils sont tes obligés ; les autres t'excusent, jugeant qu'il est nécessaire qu'aient plus de mérite ceux qui rencontrent plus de périls et sont soumis à plus d'obligations. Mais quand tu les désarmes, tu commences à les offenser ; tu montres que tu es défiant à leur égard, ou par vilenie ou par faible foi, et l'une et l'autre de ces opinions génèrent la haine contre toi. Et parce que tu ne peux rester désarmé, il convient que tu adoptes la milice mercenaire qui a cette qualité qu'on a dite ci-dessus et quand bien

---

1. Cf. *Discours*, II, 24. **2.** Cf. chap. 12 et 13 et les *Caprices à Soderini*, *Discours*, II, 30 et l'*Art de la guerre*, I, 4. *3.* Anacoluthe.

même serait-elle bonne, elle ne peut être telle qu'elle te défende d'ennemis puissants et de sujets suspects. C'est pourquoi, comme je l'ai dit, un prince nouveau, dans un principat nouveau, y a toujours ordonné les armes. De ces exemples, les histoires en sont pleines. Mais quand un prince acquiert un état nouveau, qui comme un membre s'ajoute à son vieil état, il est alors nécessaire de désarmer cet état, à l'exception de ceux qui ont été tes partisans dans l'acquisition et ceux-ci aussi, avec le temps et selon les occasions, il est nécessaire de les rendre mous et efféminés, et s'ordonner de manière que les armes de tout ton état soient seulement celles de tes soldats propres, qui vivaient auprès de toi dans l'ancien état.

Nos anciens, et ceux qui étaient estimés sages, avaient coutume de dire qu'il était nécessaire de tenir Pistoia avec les partis et Pise avec les forteresses, et ils nourrissaient pour cela les différences dans quelques villes assujetties par eux, pour les posséder plus facilement[1]. Ceci, dans le temps où l'Italie était d'une certaine manière équilibrée, devait être bien fait. Mais je ne crois pas qu'on puisse aujourd'hui donner ceci pour précepte, parce que je ne crois pas que les divisions fassent jamais aucun bien[2]. Au contraire, il est nécessaire, quand l'ennemi s'approche, que les cités divisées se perdent tout de suite, parce que le parti le plus faible s'attache toujours aux forces extérieures et l'autre ne pourra pas se soutenir. Les Vénitiens, mus, comme je le crois, par les raisons susdites, nourrissaient les sectes guelfes et gibelines dans les cités assujetties par eux et bien qu'il ne les laissèrent jamais en venir au sang[3], ils nourrissaient cependant entre elles ces ressentiments afin que ces

---

1. Cf. *Discours*, II, 25 ; III, 27. **2.** Allusion à la représentation de l'équilibre italien, qui prévalut dans la seconde moitié du XVe siècle et constituait avec le principe de temporisation (« jouir des bénéfices du temps », chap. 3) un tout cohérent. **3.** Guelfes et Gibelins sont deux factions dont la rivalité, liée à la concurrence entre l'Empereur et la papauté sur le territoire italien entre le XIIIe et le XIVe siècle, troubla l'histoire de nombreuses cités et celle de Florence en premier lieu. Cf. *Histoires florentines*.

citoyens, étant occupés par leurs différences, ne s'unissent pas contre eux. Ce qui ensuite, comme on le vit, ne leur vint pas à propos, parce que, étant mis en déroute à Vailà, une partie de celles-ci s'enhardit tout de suite et prit tout leur état. De telles manières dévoilent par conséquent la faiblesse du prince, parce que dans un principat gaillard, de telles divisions ne seraient jamais permises, parce qu'elles ne sont profitables qu'en temps de paix, puisqu'on peut, par leur moyen, manœuvrer plus facilement les sujets mais, la guerre venant, un ordre semblable montre sa fausseté.

Sans aucun doute les princes deviennent grands quand ils triomphent des difficultés et des oppositions qui leur sont faites et c'est pourquoi la fortune, surtout quand elle veut rendre grand un prince nouveau, qui est plus dans la nécessité d'acquérir de la réputation qu'un prince héréditaire, fait naître des ennemis et leur fait mener des entreprises contre lui, afin que celui-ci ait cause d'en triompher et sur cette échelle que les ennemis lui ont portée, s'élever plus haut [1]. C'est pourquoi beaucoup jugent qu'un prince sage doit, quand il en a l'occasion, se nourrir avec ruse quelque inimitié, afin que, celle-ci étant écrasée, sa grandeur s'en trouve augmentée.

Les princes, et surtout ceux qui sont nouveaux, ont trouvé plus de foi et plus d'utilité chez ces hommes qui, au début de leur état, ont été tenus pour suspects que chez ceux qui avaient au début leur confiance. Pandolfo Petrucci, prince de Sienne [2], tenait plus son état avec ceux qui furent suspects qu'avec les autres. Mais de cette chose, on ne peut parler largement, parce qu'elle varie selon le sujet. Je dirai seulement ceci, que ces hommes qui ont été ennemis au début d'un principat, qui sont de telle sorte qu'ils ont besoin, pour se maintenir, d'avoir un appui, le prince pourra toujours avec une très grande faci-

---

1. Cf. la relation entre occasion et vertu, établie au chap. 6. Les situations les plus favorables se trouvent parfois dans un temps limité, plus propice à l'action d'un prince nouveau, cf. chap. 26. **2.** Pandolfo Petrucci, prince de Sienne de 1487 à 1512.

lité, se les gagner, et eux sont davantage forcés à le servir avec foi qu'ils connaissent qu'il leur est plus nécessaire d'effacer par leurs œuvres la méchante opinion qu'il avait d'eux. Et le prince en tire ainsi plus d'utilité que de ceux qui, le servant avec une sécurité excessive, négligent ses choses.

Et parce que la matière l'exige, je ne veux pas renoncer à recommander aux princes qui ont pris un état nouveau, au moyen de faveurs du dedans, de bien considérer quelle cause a mu ceux qui l'ont favorisé à le favoriser. Et si ce n'est pas l'affection naturelle envers eux, mais que ce fût seulement parce que ceux-ci ne se contentaient pas de cet état, il ne pourra se les maintenir amis sans fatigue et de grandes difficultés, parce qu'il est impossible qu'il puisse les contenter. Et, avec ces exemples qui se tirent des choses anciennes et modernes, en discourant bien des causes de cela, on verra qu'il lui est beaucoup plus facile de se gagner comme amis ces hommes qui se contentaient auparavant de l'état, et c'est pourquoi ils étaient ses ennemis, que ceux qui, pour ne pas s'en contenter, devinrent ses amis et le favorisèrent pour l'occuper.

Cela a été la coutume des princes, pour pouvoir tenir plus sûrement leur état, d'édifier des forteresses qui soient la bride et le frein de ceux qui formaient le dessein d'agir contre eux et pour avoir un refuge très sûr face à un assaut soudain. Je loue cette manière parce qu'elle a été en usage depuis longtemps. Néanmoins, on a vu messire Niccolò Vitelli[1], de notre temps, démolir deux forteresses à Città di Castello, pour tenir cet état. Guido Ubaldo, duc d'Urbino, retourné à la domination[2] dont César Borgia l'avait chassé, ruina de fond en comble toutes les forteresses de sa province et jugea qu'il reperdrait plus difficilement cet état sans celles-ci[3]. Les Bentivoglio, revenus à Bologne,

---

1. Natif de Città di Castello, le condottiere Niccolò Vitelli dirigea sa cité à plusieurs reprises. **2.** Ce terme traduit *dominazione*, sans doute un latinisme issu du terme *dominatio*. **3.** Exemple récurrent dans la réflexion de Machiavel (cf. chap. 7, *Caprices à Soderini*, *Discours*, II, 24).

usèrent de termes semblables[1]. Les forteresses sont donc utiles ou non, selon les temps, et si elles te font du bien pour une part, elles t'offensent pour une autre. Et on pourrait ainsi discourir de cet aspect, que ce prince qui a plus peur des peuples que des étrangers doit faire des forteresses, mais celui qui a plus peur des étrangers que des peuples doit s'en passer. A la maison des Sforza, le château de Milan, qu'y édifia Francesco Sforza, a provoqué et provoquera plus de guerres qu'aucun autre désordre de cet état[2]. C'est pourquoi la meilleure forteresse qui soit est de n'être pas haï du peuple, parce que, encore que tu aies des forteresses, si le peuple t'a en haine, elles ne te sauvent pas[3]. Parce qu'aux peuples ne manquent jamais, lorsqu'ils ont pris les armes, les étrangers qui les secourent. De notre temps, on ne voit pas qu'elles aient été profitables à aucun prince, sinon à la comtesse de Furlì, quand son époux le comte Ieronimo eut été tué, parce qu'elle put fuir l'assaut populaire au moyen de celle-ci et attendre le recours de Milan et récupérer l'état, et les temps étaient alors tels que l'étranger ne pouvait secourir le peuple[4]. Mais ensuite, les forteresses ne lui servirent guère non plus, quand César Borgia l'attaqua et que le peuple, son ennemi, se lia à l'étranger. Par conséquent, il aurait été d'abord plus sûr pour elle de ne pas être haïe du peuple que d'avoir des forteresses. Toutes ces choses étant considérées, je louerai qui fera des forteresses et qui n'en fera pas, et je blâmerai quiconque, se fiant aux forteresses, fera peu de cas d'être haï des peuples.

---

1. Giovanni Bentivoglio fut chassé hors de Bologne par le pape Jules II en 1506. Son fils Annibale, de retour dans la cité en 1511-1512, fit démolir la forteresse construite par le pape. **2.** Il s'agit du château des Sforza, construit entre 1450 et 1472. **3.** Cf. Sénèque, *De la clémence*, I, 19, 6. **4.** Déjà mentionnée aux chap. 3 et 7, Catherine de Furlì épousa en premières noces le prince d'Imola et, en 1480, Girolamo Riario. Elle dirigea elle-même, après sa mort, les destinées de Furlì, jusqu'à ce qu'elle soit vaincue en 1500.

21

Ce qu'il convient à un prince de faire afin d'être tenu pour remarquable

Aucune chose ne fait tant estimer un prince que ne le font les grandes entreprises et les rares exemples qu'il donne de lui[1]. Nous avons, de notre temps, Ferdinand d'Aragon, présent roi d'Espagne[2] ; celui-ci peut presque s'appeler prince nouveau, parce qu'il est devenu, de roi faible, le premier roi des chrétiens par la renommée et la gloire, et si vous considérez ses actions, vous les trouverez toutes très grandes et certaines, extraordinaires. Au début de son règne, il attaqua Grenade et cette entreprise fut le fondement de son état. D'abord, il la mena, dans le loisir et sans crainte d'être empêché ; il y tint occupés les esprits des barons de Castille, qui, pensant à cette guerre, ne pensaient pas aux innovations. Et il acquérait par ce moyen réputation et pouvoir sur eux, qui ne s'en rendaient pas compte. Il put nourrir les armées avec l'argent de l'Église et des peuples et bâtir, avec cette longue guerre, le fondement de sa milice, qui l'a ensuite honoré. Outre cela, pour pouvoir entreprendre de plus grandes entreprises, en se servant toujours de la religion, il s'appliqua à une pieuse cruauté, chassant les Marranes hors de son royaume et les spoliant[3], et il ne peut y avoir d'exemple plus digne de pitié ni plus rare. Il attaqua l'Afrique, sous

---

1. Cf. *Discours*, I, 34. Les citoyens d'une république et les princes doivent, pour conquérir une grande réputation, donner d'eux de rares exemples. **2.** Ferdinand d'Espagne (1452-1516), époux d'Isabelle de Castille. Machiavel fait allusion à la victoire contre les Arabes à Grenade en 1492, à la conquête d'Oran en 1509, de Bugia en 1510, de Tripoli en 1511, et à ses victoires contre les armées françaises en Italie. Cf. la lettre à F. Vettori du 29 avril 1513 et les *Discours*, I, 29 et III, 6. **3.** Expulsion des juifs en 1492 et confiscation de leurs biens par le roi, en Aragon.

ce même manteau[1], il mena l'entreprise d'Italie, il a dernièrement attaqué la France[2]. Et il a toujours ainsi fait et ordonné les grandes choses, qui ont toujours tenu les esprits des sujets en suspens, et admiratifs et occupés par l'issue de celles-ci. Et ses actions sont nées l'une de l'autre, de manière que jamais il n'a donné entre l'une et l'autre de l'espace aux hommes pour pouvoir tranquillement œuvrer contre lui.

Quant aux gouvernements de l'intérieur, il est aussi très utile à un prince de donner de lui de rares exemples, semblables à ceux que l'on relate à propos de messire Bernabò de Milan[3], lorsqu'on a l'occasion de quelqu'un qui œuvre à quelque chose d'extraordinaire, ou en bien ou en mal, dans la vie civile — et adopter une manière, pour lui donner un prix ou le punir, dont on doive beaucoup parler. Et surtout, un prince doit s'ingénier à donner de lui, dans chacune de ses actions, une renommée de grand homme et d'excellent génie. Un prince est aussi estimé quand il est un ami véritable et un ennemi véritable, c'est-à-dire quand, sans circonspection aucune, il se découvre en faveur de quelqu'un contre un autre. Ce parti sera toujours plus utile que de rester neutre, parce que, si deux de tes puissants voisins en viennent aux mains, ou ils sont de telle sorte que, l'un d'eux vainquant, tu dois craindre le vainqueur, ou non. Dans les deux cas, il te sera toujours plus utile de te découvrir et faire bonne guerre, parce que, dans le premier cas, si tu ne te découvres pas, tu seras toujours la proie de qui vainc, pour le plaisir et la satisfaction de celui qui est vaincu. Et tu n'as ni raison ni aucune chose qui te défende, ni personne qui te reçoive, parce que qui vainc ne veut pas d'ami suspect et qui ne l'aide pas dans l'adversité ; qui perd ne te reçoit pas, pour ce

---

1. L'image change — de la « couleur », on passe au « manteau » — mais le sens demeure le même : il s'agit toujours de simuler et dissimuler, cf. chap. 18. **2.** Allusion à la conquête espagnole de la Navarre. Cf. chap. 3 et 13. **3.** Bernardo Visconti (1323-1385) régna sur la partie orientale du territoire milanais.

que tu n'as pas voulu courir sa fortune les armes à la main.[1]

Antiochus était passé en Grèce, mis là par les Étoliens pour en chasser les Romains. Antiochus envoya les ambassadeurs aux Achéens, qui étaient amis des Romains, pour les engager à ne pas prendre parti et de l'autre côté, les Romains les persuadaient de prendre les armes pour eux. Cette matière en vint à être décidée au conseil des Achéens, où le légat d'Antiochus les persuadait de rester neutres, à quoi le légat romain répondit : « Rien n'est plus impropre à vos affaires que ce que ceux-là vous disent, de ne pas vous interposer dans la guerre. Sans grâce, sans dignité, vous serez la récompense des vainqueurs »[2]. Et il arrivera toujours que celui qui n'est pas ton ami exigera de toi la neutralité, et celui qui t'est ami requerra de toi qu'armé, tu te découvres. Et les princes mal résolus, pour fuir les périls présents, suivent cette voie neutre la plupart du temps et vont à leur ruine la plupart du temps. Mais quand le prince se découvre gaillardement en faveur d'une partie, si celui auquel tu t'attaches vainc, quoiqu'il soit puissant et que tu demeures à sa discrétion[3], il t'est obligé et l'amour y est engagé, et les hommes ne sont jamais si malhonnêtes qu'ils t'oppriment, en donnant un tel exemple d'ingratitude[4] ; puis les victoires ne sont jamais si franches que le vainqueur ne doive avoir aucun égard, surtout envers la justice. Mais si celui auquel tu t'attaches perd, tu es reçu par lui, et tant qu'il peut, il t'aide et tu deviens compagnon d'une fortune qui peut se relever. Dans le second cas, quand ceux qui combattent ensemble sont de telle sorte que tu n'aies pas à craindre celui qui vainc, s'attacher à l'un est tellement plus prudent, parce que tu contri-

1. Cf. la lettre à F. Vettori du 20 décembre 1514. **2.** Source : Tite-Live, *Histoire romaine*, XXXV, 48-49 ; la citation est légèrement altérée. Antiochus III (242-187 av. J.-C.), roi de Syrie (cf. chap. 3 et *Discours*, II, 1, 12 ; III, 16, 31). **3.** Anacoluthe. **4.** La remarque est surprenante de la part de Machiavel qui, au chap. 17, insiste sur la nécessité pour un prince de cultiver la peur du châtiment chez ses sujets et de ne pas se fonder sur leur amour.

bues à la ruine de l'un avec l'aide de qui devrait le sauver, s'il était sage ; et en vainquant, il reste à ta discrétion et il est impossible qu'il ne vainque pas avec ton aide. Et ici, on doit remarquer qu'un prince doit se détourner de jamais nouer compagnie avec quelqu'un de plus puissant que lui pour offenser autrui, sinon quand la nécessité te contraint[1], comme il est dit plus haut : parce qu'en vainquant, tu restes son prisonnier et les princes doivent fuir, quand ils peuvent, le fait d'être à la discrétion d'autrui. Les Vénitiens firent de la France leur compagnon contre le duc de Milan, et ils pouvaient fuir cette compagnie, dont résulta leur ruine. Mais quand on ne peut fuir cela, comme il advint aux Florentins, quand le pape et l'Espagne allèrent avec les armées attaquer la Lombardie, alors le prince doit s'attacher pour les raisons susdites[2à]. Qu'aucun état ne croie jamais pouvoir prendre toujours de sûrs partis, au contraire, qu'il pense devoir les prendre tous douteux, parce qu'on trouve ceci, dans l'ordre des choses, que jamais on ne cherche à fuir un inconvénient qu'on ne s'expose à un autre. Mais la prudence consiste à savoir reconnaître les qualités des inconvénients et prendre le moins mauvais pour bon[3].

Le prince doit aussi se montrer amoureux des vertus, donnant l'hospitalité aux hommes vertueux et honorant ceux qui excellent dans un art. Ensuite, il doit convaincre ses citoyens qu'ils peuvent tranquillement exercer leurs métiers et dans le commerce, et dans l'agriculture et dans tout autre métier des hommes ; et que celui-ci ne craigne pas d'orner sa possession, par crainte qu'elle ne lui soit ôtée et cet autre d'ouvrir un commerce, par peur des rançons[4]. Mais il doit offrir des prix à qui veut faire ces choses et à

---

1. Anacoluthe. **2.** L'exemple des Florentins est, en termes machiavéliens, très « frais » lorsqu'il écrit l'opuscule : Florence ne fit pas partie de la Sainte Ligue et s'allia à la France, qui fut vaincue (cf. *Discours*, II, 27). **3.** La formule est peut-être de Cicéron, *Des devoirs*, III, 1, 3, pp. 587-588. Elle est quasi proverbiale dans le discours politique florentin à l'époque de Machiavel (cf. aussi *Discours*, I, 6, 38 et *La Mandragore*, III, 1). **4.** Machiavel emploie le terme *taglia* (« rançon ») pour désigner les impôts.

quiconque pense, de quelque manière, à agrandir ou sa cité ou son état. Il doit en outre, dans les temps convenables de l'année, tenir les peuples occupés avec des fêtes et des spectacles, et parce que toute cité est divisée en arts ou en tribus[1], tenir compte de ces communautés, se réunir avec elles quelquefois, donner de lui-même un exemple d'humanité et de magnificence, en tenant néanmoins toujours ferme la majesté de sa dignité[2].

22

De ceux que les princes ont en charge des secrets[3]

Pour un prince, le choix des ministres, qui sont bons ou non selon la prudence du prince, n'est pas de peu d'importance. Et la première conjecture qu'on fait du cerveau d'un seigneur, est de voir les hommes qu'il a autour de lui, et quand ils sont capables et fidèles, on peut toujours lui donner la réputation de sage, parce qu'il a su reconnaître leurs capacités et il sait se les maintenir fidèles. Mais quand ils sont autrement, on peut toujours porter sur lui un jugement qui n'est pas bon, parce que la première erreur qu'il fait, il la fait dans ce choix.

Il n'y avait personne qui ne connût messire Antonio da Venafro, comme ministre de Pandolfo Petrucci, prince de

---

1. *Tribi* nous renvoie à la division romaine de la cité, mais Machiavel peut tout aussi bien songer à la division de la cité florentine en quartiers. **2.** Écho à Aristote, *Politiques*, V, 11, 1313 a-1315 a, pp. 396-404 et sans doute aussi, portrait de la politique médicéenne. Dans certains manuscrits, le chapitre se clôt sur cette proposition : *perché questo non vuol mai mancare in cosa alcuna* (« parce que cela ne doit jamais manquer en aucune chose »). **3.** Dans plusieurs éditions du *Prince*, le lecteur découvrira un titre différent, inspiré de la copie du texte faite par le collègue et ami de Machiavel, Biaggio Buonaccorsi, *De' secretari ch'e' principe hanno appresso di loro* (« Des ministres que les princes ont auprès d'eux »). Nous avons suivi, comme pour les autres chapitres, la version latine du titre.

Sienne, qui ne jugeât que Pandolfo, ayant celui-ci pour ministre, était un homme très valeureux. Et parce que les cerveaux sont de trois genres — l'un comprend par lui-même, l'autre discerne ce qu'autrui comprend, le troisième ne comprend ni par lui-même, ni par autrui [1] : ce premier est très excellent, le second excellent, le troisième inutile, il convenait par conséquent nécessairement que si Pandolfo n'était pas au premier rang, il fût au second. Parce que chaque fois qu'un homme a du jugement pour connaître le bien ou le mal qu'un homme fait ou dit, encore qu'il n'ait pas d'invention par lui-même, il connaît les œuvres bonnes et mauvaises du ministre, et il exalte celles-là et corrige les autres. Et le ministre ne peut espérer le tromper et demeure bon.

Mais comment un prince peut connaître le ministre, voici cette manière, qui ne trompe jamais : quand tu vois que le ministre pense plus à lui qu'à toi et que, dans toutes ses actions, il y recherche son utilité, celui qui est ainsi fait ne sera jamais un bon ministre, jamais tu ne pourras t'y fier. Parce que celui qui a l'état d'un homme en main ne doit jamais penser à lui, mais toujours au prince, et ne jamais prodiguer de recommandation [2] sur une affaire qui ne relève pas de lui. Et de l'autre côté, le prince doit penser au ministre, pour qu'il demeure bon, en l'honorant, en faisant de lui un homme riche, en faisant de lui un de ses obligés, en le faisant participer aux honneurs et prendre des responsabilités, afin qu'il voie qu'il ne peut se maintenir sans lui et que ses nombreux honneurs ne lui fassent pas désirer plus d'honneurs, ses nombreuses richesses ne lui fassent pas désirer plus de richesses, ses

---

1. Nous suivons ici la suggestion de S. Martelli d'introduire dans l'expression *né sé né altri* la locution *da*, ce qui donne *né da sé né altri*. Elle repose sur la recollection des sources possibles de ce passage (cf., entre autres, Hésiode, *Les travaux et les jours*, 293 ; Tite-Live, *Histoire romaine*, XXII, 29 ; Diogène Laërce, *Vie de Zénon*, VII, 25 ; Aristote, *Éthique à Nicomaque*, 1, 4 ; Matteo Palmieri, *Vita civile* ; Leon Battista Alberti, *De Iciarcha* et *Villa* ; Enea Silvio Piccolomini, *Epistola ad Mahomatem II* ; Cristoforo Landino, *Enfer*, II, 36 ; Giannozzo Manetti, *Dialogus in Symposio*). **2.** *Ricordare* ne signifie pas rappeler quelque chose, mais avertir (cf. les *Ricordi* de F. Guicciardini).

nombreuses responsabilités lui fassent craindre les changements[1]. Quand donc les ministres et les princes, quant aux ministres, sont ainsi faits, ils peuvent se fier l'un à l'autre ; quand ils sont autrement, la fin sera toujours dommageable ou pour l'un ou pour l'autre.

23

Comment on doit fuir les flatteurs[2]

Je ne veux pas renoncer à un point important et une erreur dont les princes se défendent avec difficulté s'ils ne sont pas très prudents et s'ils ne font pas un bon choix. Et ceux-ci sont les flatteurs, dont les cours sont pleines, parce que les hommes se satisfont tant de leurs propres affaires et s'y trompent de telle manière qu'avec difficulté, ils se défendent de cette peste. Et à vouloir s'en défendre, on s'expose au péril de devenir méprisable, parce qu'il n'y a d'autre manière de se garder des flatteries, sinon que les hommes comprennent qu'ils ne t'offensent pas en te disant le vrai. Mais, quand chacun peut te dire le vrai, le respect te manque. Par conséquent, un prince prudent doit adopter une troisième manière, en choisissant dans son état des hommes sages, et seulement à ces hommes choisis, donner la libre possibilité de lui dire la vérité, et seulement à propos des choses qu'il leur demande, et non sur d'autres. Mais il doit leur demander à propos de toutes choses et entendre leur opinion, et ensuite

---

1. Cf. Aristote, *Politiques* : « *Qu'il <couvre> d'honneurs ceux qui ont montré de la valeur dans quelque domaine, au point qu'il ne leur vienne pas à l'idée qu'ils pourraient recevoir plus d'honneurs dans <un système politique composé> de citoyens qui se donnent à eux-mêmes leurs lois, et qu'il distribue lui-même ces honneurs, alors qu'il laissera à d'autres magistrats et à des tribunaux le soin des châtiments* », V, 1314 b, p. 402. **2.** Thème classique des miroirs princiers (cf. A. H. Gilbert).

décider seul à sa manière, et pour ces conseils, et avec chacun d'eux, se présenter de manière que chacun connaisse que plus il parle librement, mieux il sera accepté. [1] Hormis ceux-ci, ne vouloir entendre quiconque, aller droit à la chose décidée et être opiniâtre dans ses décisions. Qui fait autrement, ou tombe à cause des flatteurs ou change souvent à cause de la variation des avis. De la naît le peu d'estime à son égard.

Je veux à ce propos ajouter un exemple moderne. Le prêtre Luca, homme de Maximilien, le présent empereur, parlant de sa majesté, dit qu'il ne prenait conseil de personne et ne faisait jamais rien à sa manière. Ceci naissait de ce qu'il était dans les termes contraires aux choses susdites, parce que l'empereur est un homme secret, il ne communique pas ses desseins, il ne prend pas d'avis à leur propos ; mais comme, dans leur mise en œuvre, ils commencent à être connus et découverts, ils commencent à être contredits par ceux qu'il a autour de lui, et celuici, comme il est facile, s'en détourne. De là naît que ces choses qu'il fait un jour, il les détruit l'autre, et qu'on ne comprend jamais ce qu'il veut ou ce qu'il a dessein de faire, et qu'on ne peut se fonder sur ses décisions.

Un prince doit toujours par conséquent se faire conseiller, mais toujours quand il le veut et non quand le veut autrui. Au contraire, il doit dissuader chacun de le conseiller à propos d'une chose, s'il ne le lui demande pas, mais il doit en revanche être large demandeur puis, à propos des choses demandées, patient auditeur du vrai et même, lorsqu'il comprend que quelqu'un, circonspect en quelque manière, ne le lui dit pas, s'en troubler. Et parce que beaucoup estiment qu'un prince, qui donne de lui une opinion d'homme prudent, est ainsi tenu pour tel, non par sa nature, mais par les bons conseils qu'il a autour de lui, sans aucun doute ils se trompent. Parce que voici une règle générale qui n'est jamais erronée, qu'un prince, qui n'est pas sage par lui-même, ne peut être bien conseillé — à moins qu'il ne s'en remette entièrement

---

1. Cf. Castiglione, *Le Livre du courtisan*, IV.

par hasard à un seul homme qui le gouverne entièrement, qui soit un homme très prudent. Dans ce cas, il pourrait bien l'être[1], mais cela ne durerait pas, parce que ce gouverneur lui enlèverait l'état en un temps bref. Mais prenant des conseils de plus d'un, un prince qui n'est pas sage n'aura jamais de conseils unanimes[2], il ne saura par lui-même les unir. Des conseillers, chacun pensera à ce qui lui appartient en propre. Il ne saura ni les corriger, ni les connaître et on ne peut les trouver autrement, parce que les hommes seront toujours méchants, s'ils ne sont pas rendus bons par la nécessité. C'est pourquoi on conclut que les bons conseils, d'où qu'ils viennent, il convient qu'ils naissent de la prudence du prince, et non la prudence du prince des bons conseils.

24

Pourquoi les princes d'Italie perdirent leur royaume

Les choses susdites, observées prudemment, font paraître ancien un prince nouveau et le rendent tout de suite plus sûr et plus ferme dans l'état que s'il y était depuis des temps anciens. Parce qu'un prince nouveau est beaucoup plus observé dans ses actions qu'un prince héréditaire et quand elles sont connues pour vertueuses, elles prennent beaucoup plus les hommes et les obligent beaucoup plus que le sang ancien. Parce que les hommes sont beaucoup plus pris par les choses présentes que par les passées et, quand ils trouvent le bien dans les pré-

---

1. On lit dans le texte italien *In questo caso potrebbe bene essere, ma dureberebbe poco* ; nous avons ajouté en français, pour respecter les règles de la syntaxe, l'article défini, qui renvoie, selon l'interprétation de G. Inglese, au fait d'être bien conseillé. **2.** *Uniti* est traduit par l'adjectif « unanimes ».

sentes, ils en jouissent et ne cherchent rien d'autre[1]. Au contraire, ils prendront toutes les défenses pour lui, si le prince ne manque pas à lui-même dans les autres choses. Et ainsi, il aura double gloire, pour avoir donné commencement à un principat et l'avoir orné et affermi avec bonnes lois, de bonnes armes et de bons exemples[2], comme celui-là a double honte qui, né prince, l'a perdu par faible prudence.

Et si l'on considère ces seigneurs qui, de notre temps, ont perdu l'état en Italie, comme le roi de Naples, le duc de Milan et d'autres[3], on trouvera en eux, premièrement, un commun défaut quant aux armes, pour les causes dont on a longuement discouru ci-dessus ; ensuite, on verra certains d'entre eux ou qui auront eu les peuples pour ennemis ou qui, s'ils ont eu le peuple pour ami, n'auront pas su s'assurer des grands. Parce que, sans ces défauts, on ne perd pas les états qui ont assez de nerf pour pouvoir tenir une armée en campagne. Philippe de Macédoine, non le père d'Alexandre, mais celui qui fut vaincu par Titus Quintus, n'avait pas beaucoup d'état eu égard à la grandeur des Romains et de la Grèce qui l'attaquèrent. Néanmoins, pour être un homme militaire et qui savait entretenir sa relation avec le peuple et s'assurer des grands, il soutint de nombreuses années la guerre contre ceux-ci, et s'il perdit finalement la seigneurie sur quelques cités, il lui resta néanmoins le royaume[4].

Par conséquent, que nos princes, qui avaient été maintes années dans leurs principats, pour l'avoir ensuite perdu, n'accusent pas la fortune, mais leur indolence. Parce que, n'ayant jamais dans les temps tranquilles

---

1. Cf. *Discours*, III, 5 et le chap. 5. **2.** L'analyse des chap. 15 à 21 ajoute au couple des bonnes lois et des bonnes armes, garant du maintien de la cité, un troisième élément, celui des bons exemples donnés par le prince. **3.** Défaits par l'armée française, Ludovico Sforza perdit Milan en 1500 et Frédéric I d'Aragon, Naples en 1501. **4.** Si Philippe est évoqué, au chap. 3, pour mettre en valeur la politique de conquête romaine, il est ici loué afin de souligner l'impréparation des princes d'Italie : on voit là un usage malléable de l'exemple, typique de l'écriture machiavélienne (les *Discours*, III, 10 et 37 l'utilisent de manière encore différente).

pensé qu'ils pussent changer — c'est un commun défaut des hommes, dans la bonace, de ne pas tenir compte de la tempête, quand vinrent ensuite les temps adverses, ils pensèrent à s'enfuir et non à se défendre et ils espérèrent que les peuples, gênés par l'insolence des vainqueurs, les rappelleraient. Ce parti, quand les autres font défaut, est bon, mais il est bien mal d'avoir laissé les autres remèdes pour celui-ci, parce qu'on ne devrait jamais tomber, en croyant trouver quelqu'un qui te recueille[1] — ce qui, ou n'advient pas, ou si cela advient, est sans sécurité pour toi, pour ce que cette défense a été vile et n'a pas dépendu de toi. Et ces défenses seulement sont bonnes, sont certaines, sont durables, qui dépendent de toi-même et de ta vertu[2à±].

25

Combien peut la fortune dans les choses humaines et comment on doit s'y opposer

Je n'ignore pas que beaucoup[3] ont eu et ont l'opinion que les choses du monde sont gouvernées par la fortune et par Dieu, de telle manière que les hommes ne peuvent, avec leur prudence, les corriger, qu'au contraire ils n'y ont aucun remède. Et pour cela, ils pourraient juger qu'il

---

1. Anacoluthe. **2.** L'ensemble de ce paragraphe préfigure le chapitre 25. Directement appliqué à la situation des princes d'Italie, il permet d'établir un diagnostic. L'accusation de paresse en constitue l'élément central. Ce chapitre est un tournant du texte : dès lors, il prend de plus en plus les allures d'un manifeste politique, jusqu'aux vers conclusifs de Pétrarque. **3.** Qui sont-ils ? Il y a parmi eux des anciens — Théophraste, Cicéron, Salluste —, peut-être Dante ; mais on peut aussi penser qu'il s'agit pour Machiavel d'une opinion répandue, liée au providentialisme chrétien d'une part, et de l'autre, aux croyances issues de l'astrologie déterministe (cf. P. Zambelli, *L'ambigua natura della magia. Filosofi, streghe, riti nel Rinascimento* et E. Garin, *Il zodiaco della vita*).

n'y a pas à s'échiner beaucoup sur les choses, mais à se laisser gouverner par le hasard. De notre temps, on a plus cru à cette opinion, pour y avoir vu et y voir chaque jour de grandes variations des choses, hors de toute conjecture humaine. A quoi pensant quelquefois, j'ai incliné en partie à leur opinion[1]. Néanmoins, pour que notre libre arbitre ne soit pas anéanti, je juge qu'il peut être vrai que la fortune soit l'arbitre de la moitié de nos actions, mais qu'elle nous en laisse aussi gouverner l'autre moitié, ou à peu près[2]. Et je compare celle-ci à un de ces fleuves dévastateurs[3] qui, quand ils se mettent en colère, inondent les plaines, ruinent les arbres et les édifices, enlèvent un terrain de ce côté, et le placent de cet autre. Chacun fuit devant eux, tous cèdent à leur assaut sans pouvoir y faire obstacle d'aucun côté. Et bien que les choses soient ainsi faites, il n'en reste pas moins que les hommes, quand les temps sont tranquilles, pourraient y pourvoir et avec des abris et avec des digues, de manière qu'en croissant ensuite, ou ils iraient par un canal ou leur assaut ne serait pas si dommageable ni licencieux. Il advient de même pour la fortune, qui démontre sa puissance là où on n'a ordonné aucune vertu pour lui résister[4]. Et elle tourne ses assauts là où elle sait qu'on n'a pas fait de digues et d'abris pour la tenir. Et si vous considérez l'Italie, qui est le siège de ces variations et ce qui leur a donné le mouvement, vous verrez qu'elle est une campagne sans digue et sans aucun abri. Si elle s'était abritée derrière une vertu

---

1. Machiavel fait peut-être allusion aux vers du capitolo *De la fortune*, à moins qu'il ne s'agisse d'une simple formule de prudence rhétorique. **2.** La notion de libre-arbitre, rare chez Machiavel, doit sans doute être interprétée dans le cadre des discussions sur l'astrologie. Elle désigne, contre l'astrologie divinatoire, la liberté de l'homme. Les écrits de Pic de la Mirandole, l'*Oratio* et les *Disputationes astrologus,* ou de Pietro Pomponazzi, *De fato, de libero arbitrio et de praedestinatione,* permettent de comprendre les enjeux de ces discussions. Les *Discours,* I, Proemio et 56, invitent à penser que Machiavel a une vision de l'astrologie non déterministe. **3.** Traduction exceptionnelle de *rovinosi* — l'image des fleuves dévastateurs est courante à son époque, cf. aussi le capitolo *De la fortune*, 151-159. **4.** Cf. *Discours*, II, 30.

convenable, comme le sont l'Allemagne, l'Espagne et la France, ou cette crue n'aurait pas fait les grandes variations qu'elle a faites, ou elle n'y serait pas venue. Et je veux qu'il me suffise d'avoir dit cela quant à l'opposition à la fortune, en général.

Mais, en me restreignant davantage aux détails [1], je dis qu'on voit aujourd'hui ce prince être heureux et demain aller à sa ruine, sans l'avoir vu changer de nature ni d'aucune qualité. Ce qui, je crois, naît d'abord des causes dont on a longtemps discouru précédemment. C'est-à-dire que ce prince qui s'appuie entièrement sur la fortune va à sa ruine quand celle-ci varie. Je crois aussi qu'il est heureux, celui dont la manière de procéder rencontre la qualité des temps et de manière semblable, qu'est malheureux celui dont le procédé est en désaccord avec les temps [2]. Parce qu'on voit les hommes, dans les choses qui les conduisent à la fin que chacun poursuit, c'est-à-dire gloire et richesses, procéder de manière variable, l'un avec circonspection, l'autre avec impétuosité, l'un avec violence, l'autre avec art, l'un avec patience, l'autre avec son contraire, et chacun y peut parvenir avec ces manières diverses. Et l'on voit aussi, de deux hommes circonspects, l'un parvenir à son dessein, l'autre non, et de manière semblable, deux êtres également heureux avec des manières diverses, l'un étant circonspect et l'autre impétueux. Ce qui ne naît de rien d'autre, sinon de la qualité des temps, qui se conforment ou non à leur procédé. De là naît ce que j'ai dit, que deux, œuvrant différemment, obtiennent le même effet, et deux, œuvrant d'égale manière, l'un se conduit à sa fin et l'autre non [3]. De cela aussi dépend la variation du bien, parce que pour un homme, qui se gouverne avec circonspection et patience, si les temps et les choses tournent de manière que son gouvernement soit bon, il en vient à être heureux, mais si les temps et les choses changent, il va à sa ruine, parce

1. L'attention de Machiavel aux détails est importante, car, derrière elle, se profile l'enjeu d'une réflexion politique fondée sur les cas singuliers. **2.** On comparera ce propos avec le *Ricordo* C31 de F. Guicciardini. **3.** Cf. *Caprices à Soderini* et *Discours*, III, 21.

qu'il ne change pas sa manière de procéder. On ne trouve pas d'homme si prudent qu'il sache s'accommoder à cela, soit parce qu'il ne peut dévier de ce à quoi la nature l'incline, soit encore parce qu'ayant toujours prospéré en cheminant sur une voie, il ne peut se persuader qu'il serait bon de quitter celle-ci[1]. Et c'est pourquoi l'homme circonspect, quand il est temps pour lui de devenir impétueux, il ne sait pas le faire. D'où vient qu'il va à sa ruine, mais s'il changeait de nature avec les temps et les choses, la fortune ne changerait pas[2].

Le pape Jules II procéda impétueusement dans chacune de ses actions, et il trouva les temps et les choses si conformes à sa manière de procéder qu'il obtint toujours une fin heureuse. Considérez la première entreprise qu'il mena contre Bologne[3], quand vivait encore messire Giovanni Bentivoglio. Les Vénitiens n'en étaient pas contents, le roi d'Espagne non plus. Il était en pourparlers avec la France à propos d'une telle entreprise. Et néanmoins, avec sa férocité et son impétuosité, il se déplaça personnellement dans cette expédition. Ce mouvement fit se tenir l'Espagne et les Vénitiens en suspens et fermes, ceux-ci par peur et celle-là, par le désir qu'elle avait de récupérer tout le royaume de Naples[4]. Et de l'autre côté, il entraîna à sa suite le roi de France parce que ce roi, l'ayant vu en mouvement et désirant s'en faire un ami pour abaisser les Vénitiens, ne jugea pas pouvoir lui refuser ses armées[5] sans lui porter manifestement atteinte. Jules conduisit donc d'un mouvement impétueux ce que jamais un autre pontife, avec toute la prudence humaine, n'aurait conduit. Parce que s'il attendait de quitter Rome avec de fermes conclusions et de l'ordre en toutes choses,

---

1. Machiavel relève de nouveau les effets de la coutume pour comprendre le succès ou l'échec de l'action. **2.** Cf. *Paroles à prononcer sur le projet de loi de finance avec une brève introduction et une justification* (1503). **3.** Entrée triomphale à Bologne en 1506. Machiavel, alors en mission, eut l'occasion de suivre la campagne au jour le jour, cf. *Discours*, III, 44. **4.** Le roi d'Espagne avait besoin du soutien de la papauté pour reprendre à Venise les ports qu'elle occupait. **5.** Cf. la lettre aux Dix du 21 octobre 1506.

comme n'importe quel pontife aurait fait, jamais il n'aurait réussi, parce que le roi de France aurait eu mille excuses et les autres lui auraient inspiré mille peurs. Je veux laisser ses autres actions, qui ont toutes été semblables et lui ont toutes bien réussi. Et la brièveté de la vie ne l'a pas laissé éprouver le contraire, parce que s'il était survenu des temps où il fallût procéder avec circonspection, il s'ensuivait sa ruine. Il n'aurait jamais dévié de ces manières auxquelles la nature l'inclinait.

Je conclus donc que, la fortune et les temps variant[1] et les hommes demeurant obstinés dans leurs manières, ils sont heureux tandis qu'ils s'accordent ensemble et malheureux, quand ils sont en désaccord. Je juge en revanche ceci, qu'il est meilleur d'être impétueux que circonspect, parce que la fortune est femme et il est nécessaire de la battre et de l'affronter, quand on veut la soumettre. Et on voit qu'elle se laisse vaincre davantage par ceux-là que par ceux qui procèdent froidement. Et c'est pourquoi, comme femme, elle est toujours amie des jeunes, parce qu'ils sont moins circonspects, sont plus féroces et la commandent avec plus d'audace[2].

26

Exhortation à prendre l'Italie et à la libérer des barbares[3]

Ayant donc considéré toutes ces choses dont on a discouru ci-dessus, et pensant en moi-même si présentement en Italie couraient des temps propres à honorer un nou-

---

1. Cf. *Discours*, III, 9. **2.** Cf. Cicéron, *Tusculanes*, II, 4. **3.** Ce titre est, selon G. Inglese, inspiré par Virgile, *Énéide*, IV, 345-371 : « *mais pour lors c'est la grande Italie que l'Apollon de Grynium, c'est l'Italie* <*Italiam*> *que les oracles lyciens m'ont ordonné de saisir* <*capessere*> *sans retard : là est mon cœur, là ma patrie* », *op. cit.*, p. 142.

veau prince et s'il y avait matière qui donnât à un homme prudent et vertueux l'occasion d'y introduire une forme qui lui fasse honneur et fasse du bien à la communauté des hommes de celle-ci, il me paraît que tant de choses concourent au bénéfice de ce prince nouveau, que je ne sais quel temps fut jamais plus apte à cela. Et si, comme je l'ai dit, il était nécessaire, pour voir la vertu de Moïse, que le peuple d'Israël fût esclave en Égypte, et pour connaître la grandeur d'esprit de Cyrus, que les Perses fussent opprimés par les Mèdes, et l'excellence de Thésée, que les Athéniens fussent dispersés, ainsi, présentement, pour connaître la vertu d'une âme italienne, il était nécessaire que l'Italie fût réduite aux termes présents et qu'elle fût plus esclave que les Hébreux, plus asservie que les Perses, plus dispersée que les Athéniens, sans chef, sans ordre, battue, spoliée, mise en pièce, courue et qu'elle eût supporté toutes sortes de ruines [1].

Et bien que jusque-là, en certain quelque lueur se soit montrée, qui rendait possible de juger qu'il avait été ordonné par Dieu pour sa rédemption, cependant, on a vu ensuite, au plus haut cours de son action, qu'il a été désapprouvé par la fortune [2], de manière que, demeurée presque sans vie, elle est en attente de celui qui pourrait soigner ses blessures et mettre fin aux sacs [3] de la Lombardie, aux rançons du Royaume [4] et de Toscane et la guérisse de ses plaies devenues depuis longtemps fistuleuses. On voit qu'elle prie Dieu pour qu'il lui envoie quelqu'un qui l'affranchisse de ces cruautés et de ces insolences barbares. On la voit aussi toute prête et disposée à suivre une bannière, pourvu qu'il y ait quelqu'un qui la prenne. Et on ne voit pas ici présentement en qui elle pourrait espérer davantage qu'en votre illustre Maison, qui, avec sa fortune et sa vertu, favorisée par Dieu et l'Église, dont elle est maintenant prince, peut se faire chef de cette rédemption [5]. Ce qui ne sera pas très difficile, si vous repassez devant vous les actions et la

---

1. Double écho au chap. 6 (les libérateurs) et au chap. 12 (l'état de l'Italie). **2.** Allusion à César Borgia. **3.** Nous avons ici modifié la structure de la phrase italienne pour permettre la compréhension. **4.** Le royaume de Naples. **5.** Le pape Léon X est Jean de Médicis.

vie des susnommés, et bien que ces hommes soient rares et étonnants, néanmoins, ils furent des hommes, et chacun d'eux eut une moindre occasion que la présente, parce que leur entreprise ne fut pas plus juste que celle-ci, ni plus facile, et Dieu ne fut pas plus ami avec eux qu'avec vous. Ici, il y a grande justice ; la guerre est juste, en effet, pour ceux à qui elle est nécessaire, et les armes sont pieuses là où il n'y a aucun espoir, sinon dans les armes[1]. Ici, il y a une disposition très grande ; il ne peut y avoir, là où il y a une grande disposition, de grandes difficultés, pourvu que celle-ci prenne les ordres de ceux que j'ai proposés en point de mire. Outre cela, on voit ici des faits extraordinaires, sans exemple, conduits par Dieu : la mer s'est ouverte, un nuage Vous a escorté sur le chemin, la pierre a versé de l'eau, ici il a plu la manne. Chaque chose a concouru à votre grandeur[2]. Le restant, vous devez le faire ; Dieu ne veut pas faire chaque chose, pour ne pas nous ôter le libre arbitre et la part de cette gloire qui nous revient[3].

Et il n'y a pas à s'étonner qu'aucun des Italiens susnommés n'ait pu faire ce qu'on peut espérer que fera votre illustre Maison et qu'au cours de tant de révolutions d'Italie et de tant de manœuvres de guerre, il paraît toujours qu'en Italie la vertu militaire est éteinte ; parce que cela naît de ce que les ordres anciens de celle-ci n'étaient pas bons, et il n'y a eu personne qui ait su en trouver de nouveaux ; et aucune chose ne fait tant honneur à un homme qui s'élève nouvellement que ne le font les nouvelles lois et les nouveaux ordres qu'il a trouvés ; ces choses, quand elles sont bien fondées et ont leur grandeur, le rendent digne d'être respecté et admirable. Et en Italie, la matière ne manque pas pour y introduire toutes les

---

1. Machiavel reprend ici, en adaptant son propos, Tite-Live, *Histoire romaine*, IX, 1 : « *Une guerre qu'on est obligé de faire, Samnites, est une guerre juste ; les dieux donnent raison à celui qui prend les armes du moment qu'il ne lui reste plus d'espoir que dans les armes* », trad. de A. Flobert, GF Flammarion, 1996, p. 278 (cf. *Discours*, III, 12 et *Histoires florentines*, V, 8). **2.** Référence à des miracles relatés dans l'Exode, 14, 21 ; 13, 21 ; 17, 6, 16, 15. **3.** Cf. le chap. 25 et *La Mandragore*, IV, 2.

formes. Ici la vertu est grande dans les membres, si les chefs ne manquaient pas[1]. Regardez, dans les duels et les rencontres en petit nombre, combien les Italiens sont supérieurs par les forces, par l'adresse, par le génie ; mais qu'on en vienne aux armées, ils n'apparaissent pas. Et tout procède de la faiblesse des chefs, parce que ceux qui savent ne sont pas obéis et chacun croit savoir mais personne ne s'est si distingué, et par vertu et par fortune, que les autres lui cèdent. De là naît qu'en si longtemps, au cours de tant de guerres faites dans les vingt années passées, quand il y a eu une armée entièrement italienne, elle a fait mauvaise preuve, ce dont sont témoin d'abord le Taro, puis Alexandrie, Capoue, Gênes, Vailà, Bologne, Mestre[2].

Votre illustre Maison voulant donc suivre ces hommes très excellents qui rédimèrent leur province, il est nécessaire avant toute autre chose, comme véritable fondement de chaque entreprise, de se pourvoir d'armes propres, parce qu'on ne peut avoir de soldats plus fidèles, plus véritables, ni meilleurs, et bien que chacun d'eux soit bon, tous ensemble, ils deviendront meilleurs quand ils verront qu'ils sont commandés par leur prince, honorés par lui et qu'il cultive leur relation. Il est par conséquent nécessaire de se préparer à ces armes, pour pouvoir, avec la vertu italique, se défendre contre les étrangers[3]. Et bien que les infanteries suisse et espagnole soient estimées terribles, néanmoins, il y a dans l'une et l'autre un défaut grâce auquel un troisième ordre pourrait non seulement s'opposer à eux, mais être confiant dans l'idée de triompher d'eux ; parce que les Espagnols ne peuvent soutenir les cavaliers et les Suisses doivent avoir peur des fantassins quand ils les rencontrent

---

1. Machiavel file la métaphore organique pour décrire les potentialités militaires italiennes : le terme *capo* désigne aussi bien la « tête » que le « chef », tandis que les membres renvoient au corps. **2.** Défaites italiennes face aux armées étrangères, françaises et espagnoles ; certaines sont presque contemporaines de la rédaction du *Prince* : le Taro en 1495, Alessandria en 1499, Capoue en 1501, Gênes en 1501, Vailà en 1509, Bologne en 1511, Mestre en 1513. **3.** Cf. chap. 12 et 13.

au combat obstinés comme eux. D'où l'on a vu et verra, d'expérience, les Espagnols ne pouvoir soutenir une cavalerie française, et les Suisses être ruinés par une infanterie espagnole. Et bien que, de ce dernier cas, on n'ait pas vu entière expérience, cependant, on en a eu un aperçu dans la journée de Ravenne [1], quand les infanteries espagnoles affrontèrent les bataillons allemands qui observent le même ordre que les bataillons suisses, où les Espagnols, grâce à l'agilité de leur corps et l'aide de leurs broquels [2], s'étaient faufilés entre leurs piques et se trouvaient en dessous, pour les offenser en sécurité, sans que les Allemands y aient de remède. Et s'il n'y avait pas eu la cavalerie, qui les affronta, ils les auraient tous occis. On peut donc, le défaut de l'une et de l'autre de ces infanteries connu, en ordonner une nouvellement, qui résiste aux cavaliers et n'ait pas peur des fantassins : ce que fera le genre des armes et la variation des ordres. Et ce sont des choses qui, nouvellement ordonnées, donnent réputation et grandeur à un prince nouveau.

On ne doit donc pas laisser passer cette occasion, afin que l'Italie voie après si longtemps apparaître son rédempteur. Et je ne peux exprimer avec quel amour il serait reçu dans toutes ces provinces qui ont pâti de ces débordements étrangers, avec quelle soif de vengeance, avec quelle foi obstinée, avec quelle pitié, avec quelles larmes. Quelles portes se fermeraient à lui ? Quels peuples lui refuseraient l'obéissance ? Quelle envie s'opposerait à lui ? Quel italien lui refuserait la déférence ? Cette seigneurie barbare écœure tout le monde [3]. Que votre illustre Maison prenne donc cet engagement, avec cet esprit et cette espérance avec lesquels on mène les entreprises justes, afin que, sous son enseigne, cette patrie soit ennoblie, et sous ses auspices, se vérifie ce dit de Pétrarque, quand il dit :

---

1. Cf. les chap. 3 et 13, *Discours*, II, 16, 17, l'*Art de la guerre*, II et le *Portrait des choses de France*. **2.** Il s'agit de petits boucliers que les Espagnols utilisaient. **3.** Le verbe « écœurer » traduit l'italien *puzzare* qui a le double sens de « puer » et de « lasser ».

Vertu contre fureur
Prendra les armes, et le combat sera court,
Car l'antique valeur
Dans les cœurs italiens n'est pas encore morte[1].

1. Ces vers sont extraits de la chanson « Italia mia », *Canzoniere*, CXXVIII, 93-96 de Pétrarque.

ANNEXES

I

Manuscrits analysés par G. Inglese et S. Martelli

Désignation du manuscrit, location et caractéristiques	Utilisé par G. Inglese	Utilisé par M. Martelli
A, Carpentras, Bibl. Inguimbertine 303 Copié dans le 1er tiers du XVIe siècle, par une main non identifiée, écriture de Chancellerie	Oui	Oui
B, Città del Vaticano, Bibl. Apostolica, Barberiniano lat. 5093 Copié (?) entre 1519 et 1523 par Genesius	Oui	Oui
C, Roma, Bibl. dell' Academia Nazionale dei Lincei e Corsiniana, Cors. 43.B.35 (440) Copié dans le 1er tiers du XVIe siècle par Theophilo Mochio Senese	Oui	Oui
D, München, Universitätbibl., 4° cod. Ms. 787. * Copié dans le 1er tiers du XVIe siècle, écriture de Chancellerie, main non identifiée	Oui	Oui
E, Perugia, Bibl. Comunale Augusta, G 14 (425) Copié au XVIe siècle par plusieurs mains non identifiées	Oui	Oui

Désignation du manuscrit, location et caractéristiques	Utilisé par G. Inglese	Utilisé par M. Martelli
F, Firenze, Archivio di Stato, Cerchi 753 [Codici 217] Copié au XVIIIe siècle	Oui	Non
G, Gotha, Forschungs-und Landesbibl., chart. B 70 * Copié dans le 1er tiers du XVIe siècle, écriture de Chancellerie, main inconnue, corrections de Mochi	Oui	Oui
K, Berlin, Staatsbibl. — Preussischer Kulturbesitz, 309 Copié dans le 1er tiers du XVIe siècle en vue d'une édition vénitienne	Oui	Non
L, Firenze, Bibl. Medicea Laurenziana, XLIV 32 Copié dans le 1er quart du XVIe siècle, par Biagio Buonaccorsi (peut-être antérieure à 1517)	Oui	Oui
M, Venezia, Bibl. Nazionale Marciano, Ital. II 77 (5038) Copié au XVIe siècle, écriture de Chancellerie	Oui	Oui
N, Roma, Bibl. Casanatense 3690 Copié au XVIIe siècle	Oui	Non
P, Paris, Bibl. nationale, Ital. 709 (8287) Copié dans le 1er quart du XVIe siècle, par Biagio Buonaccorsi	Oui	Oui
Q, Rimini, Bibl. Comunale « A. Gambalunga », SC MS. 435 Copié au XVIIIe siècle	Oui	Non
R, Firenze, Bibl. Riccardiana 2603 Copié dans le 1er quart du XVIe siècle par Biagio Buonaccorsi	Oui	Oui

Désignation du manuscrit, location et caractéristiques	Utilisé par G. Inglese	Utilisé par M. Martelli
S, Firenze, Bibl. Nazionale Centrale, Magliabechiano XXX 235 Copié au XVIe siècle	Oui	Non
T, Roma, Bibl. Casanatense, 554 (FV 56) Copié au XVIIIe siècle	Oui	Non
U, Città del Vaticano, Bibl. Apostolica, Urbinate lat. 975 Copié dans le 2e quart du XVIe siècle	Oui	Oui
V, Città del Vaticano, Bibl. Apostolica, Patetta 374 1620	Oui	Oui
W, Charlecote (Warwickshire, Grande-Bretagne), Charlecote Park, L. 2 Copié dans la 1re moitié du XVIe siècle par un proche ou imitateur de Lodovico Arrighi	Oui	Oui

* D et G sont les deux manuscrits privilégiés par G. Inglese pour établir le texte de Machiavel.

II

Le Prince, livre du peuple ou livre du tyran ? Machiavel républicain, machiavélisme et antimachiavélisme

Si les notions de machiavélisme et d'antimachiavélisme sont généralement abordées pour elles-mêmes, nous avons souhaité ici les mettre en perspective avec une hypothèse de lecture qui remet en cause l'interprétation dont elles découlent dans son principe même. Il ne s'agit pas de donner tort à l'une et raison à l'autre, mais de constater, à travers leur confrontation, combien *Le Prince* de Machiavel, lu au prisme de contextes historiques et politiques différents ou à partir de questionnements distincts, a servi des pensées qui ne se rencontrent pas, voire se contredisent.

Cette hypothèse de lecture a pour objet l'enjeu et la finalité du *Prince* et suggère que l'intention cachée de son auteur a été d'écrire un livre en faveur de la liberté du peuple. Boccalini, un siècle après sa rédaction, la présente dans une fable savoureuse, *I Ragguagli di Parnasso*[1] : l'histoire commence lorsque les moutons du Parnasse réclament une audience à Apollon. Ils souhaitent être dotés de dents de carnassier afin de pouvoir se défendre ; on leur répond que leur meilleure défense est leur valeur (laine, viande, fromage) pour les hommes. Sur ces

---

1. T. Boccalini, *Ragguagli di Parnasso*, traduit en français par Th. De Fougasses en 1615, Les cent premières nouvelles et advis de Parnasse.

entrefaits, Machiavel fait son apparition. Mort depuis près de cent ans, il a été retrouvé dans une bibliothèque et incarcéré. On va enfin pouvoir procéder à son exécution. Machiavel demande à son tour une audience pour s'exprimer et se défendre : il affirme n'avoir dit que la vérité ; s'il a donné de mauvais conseils au prince, c'est qu'il a décrit en fait la manière dont ceux-ci agissent ; les princes veulent des peuples abrutis, soumis et aveugles et non des textes qui leur ouvrent les yeux. Un tel discours fait de l'effet sur les juges et l'accusation est suspendue... jusqu'au moment où Machiavel est surpris, en pleine nuit, en train de fixer des crocs de carnivore dans les gueules des moutons. Une telle insolence est insupportable et il est définitivement condamné.

Au XVIIe siècle, cette hypothèse connaîtra une fortune certaine, notamment en Angleterre où *Le Prince* est lu comme une dénonciation des pratiques tyranniques des monarques[1]. Spinoza suit, dans un style différent, le chemin interprétatif emprunté par ce narrateur :

« *Machiavel, auteur des plus perspicaces, a exposé en détail ces mesures, précisément, auxquelles un prince emporté par la passion de dominer doit avoir recours afin de fonder et conserver son pouvoir... Mais on se perd en conjectures sur le sens de sa démonstration. A supposer qu'il ait destiné aux hommes une utile leçon, ce qui serait fort vraisemblable de la part d'un homme aussi sage, il aurait visé — semble-t-il — à montrer combien la tentative de suppression brutale d'un tyran est vaine, à moins que l'on ne supprime les causes, par ailleurs, dont est résultée la tyrannie du prince. Ces causes ne sauraient au contraire qu'être renforcées, si le prince se découvre de plus grands motifs de crainte. Or c'est à quoi aboutit la masse, lorsqu'elle fait un exemple en frappant le prince et se glorifie du meurtre d'un chef consacré, comme d'une belle action ! Ou bien, peut-être Machiavel a-t-il voulu montrer qu'une masse libre doit, à tout prix, se garder de confier son salut à*

1. F. Raab a publié une étude nourrie sur la réception et les usages de Machiavel en Angleterre : *The English Face of Machiavelli. A Changing Interpretation, 1500-1700*, Routledge, 1965.

un seul homme. Car celui-ci, à moins d'être excessivement vaniteux et de s'imaginer qu'il lui est possible de plaire à tous ses sujets, craindra sans cesse les embûches. Il sera donc contraint de se tenir sur ses gardes et de tendre lui-même le premier des embûches à la masse — au lieu de veiller, comme il le devrait, aux intérêts généraux. Cette dernière intention est, quant à moi, celle que je serais porté à prêter à notre auteur. Car il est certain que cet homme si sagace aimait la liberté et qu'il a formulé de très bons conseils pour la sauvegarder[1]. »

Jean-Jacques Rousseau, qui cite Machiavel à de nombreuses reprises dans le *Contrat social*, comme auteur du *Prince*, mais aussi des *Discours* et des *Histoires florentines*, reprend cette hypothèse à l'occasion d'une réflexion sur la relation entre un roi et son peuple et la manière dont elle est déterminée, à partir des intérêts perçus immédiatement ou non par le roi. Il ne fait aucun doute, à ses yeux, que Machiavel a voulu, dans *Le Prince*, conseiller le peuple :

« *Leur intérêt personnel est premièrement que le Peuple soit foible, misérable, et qu'il ne puisse jamais leur résister. J'avoue que, supposant les sujets toujours parfaitement soumis, l'intérêt du Prince seroit alors que le peuple fût puissant, afin que cette puissance étant la sienne le rendît redoutable à ses voisins ; mais comme cet intérêt n'est que secondaire et subordonné, et que les deux suppositions sont incompatibles, il est naturel que les Princes donnent toujours la préférence à la maxime qui leur est le plus immédiatement utile. C'est ce que Samuël représentoit fortement aux Hébreux ; c'est ce que Machiavel a fait voir avec évidence. En feignant de donner des leçons aux Rois, il en a donné de grandes aux peuples. Le Prince de Machiavel est le livre des républicains* »[2].

Sans faire l'unanimité, cette hypothèse est toutefois assez répandue au XVIIIe siècle, comme en témoignent pru-

1. Spinoza, *Traité de l'autorité politique*, *op. cit.*, p. 953.
2. J.-J. Rousseau, *Du contrat social*, III, 6, in : *Œuvres complètes*, III, Gallimard, NRF, 1964, p. 409.

demment l'article « Machiavélisme » de l'*Encyclopédie*[1] et, de manière plus affirmée, l'édition Volland de 1793 ; celle-ci reprend la formule finale de J.-J. Rousseau et la traduction de Amelot de la Houssaye qui prévient le lecteur en ces termes :

« *Comme Machiavel est un auteur qui n'est ni à l'usage ni à la portée de beaucoup de gens, il ne faut pas s'étonner si le vulgaire est si prévenu contre lui*[2]. »

A cette hypothèse — Machiavel feindrait d'écrire pour les grands alors qu'il écrit pour éclairer le peuple — et à la lecture « entre les lignes » qu'elle rend nécessaire, s'oppose l'interprétation « au pied de la lettre » qui caractérise l'antimachiavélisme, phénomène complexe et multiforme, qui voit en Machiavel un auteur subversif et dans le machiavélisme « *une espèce de politique détestable qu'on peut rendre en deux mots par l'art de la tyrannie*[3] ». On pourrait le présenter comme lui-même se présente dans la plupart des cas, c'est-à-dire comme un combat atemporel de la bonne morale contre des pratiques et des principes politiques pernicieux. Le machiavélisme est alors l'incarnation de l'immoralité en politique, qui ne consiste pas seulement à user de procédés condamnables — la ruse, le mensonge ou la violence — mais à réduire la politique à ceux-ci et à n'exclure aucun moyen, pourvu qu'il contribue à atteindre la fin visée :

« Le Prince *de Machiavel est en fait de morale ce qu'est l'ouvrage de Spinoza en matière de foi : Spinoza sapa les fondements de la foi et ne tendait pas moins à renverser l'édifice de la religion ; Machiavel corrompit la politique et entreprenait de détruire les préceptes de la saine morale. Les erreurs de l'un n'étaient que des erreurs de spéculation ; celles de l'autre regardaient la*

---

1. *Encyclopédie*, tome IX, Neufchastel, 1765, p. 793. **2.** Amelot de la Houssaye, Préface à la traduction du *Prince*, Volland, tome VIII, 1793, p. LV. **3.** *Encyclopédie, op. cit.*, p. 793. Le terme « machiavélisme » s'est diffusé à l'occasion de la parution de l'*Anti-Machiavel* de Gentillet, en 1576 ; le terme anglais *machiavellist* est forgé dans les années 1560.

pratique. Cependant il s'est trouvé que les théologiens ont sonné le tocsin et crié l'alarme contre Spinoza, qu'on a réfuté son ouvrage en forme, et qu'on a constaté la Divinité contre les attaques de cet impie, tandis que Machiavel n'a été que harcelé par quelques moralités, et qu'il s'est soutenu, malgré eux et malgré sa pernicieuse morale sur la chaire de la politique jusqu'à nos jours.

J'ose prendre la défense de l'humanité contre ce monstre, qui veut la détruire ; j'ose opposer la raison et la justice à l'iniquité et au crime ; et j'ai hasardé mes réflexions sur le Prince de Machiavel à la suite de chaque chapitre, afin que l'antidote se trouvât immédiatement auprès du poison[1]. »

Mais peut-être est-il plus pertinent de l'analyser au sein de la conjonction historique dans laquelle l'antimachiavélisme est né et s'est développé. Sans s'inscrire dans un contexte spécifique, M. Senellart suit une telle perspective en affirmant que l'antimachiavélisme a lu les propos de Machiavel dans un cadre qui n'était pas le leur. Aussi faut-il revenir sur celui-ci, qui n'est autre que la guerre perpétuelle, de conquête ou de défense.

« *Il apparaît ainsi que la paix est trompeuse, car elle fait croire à la stabilité des choses, ce qui, pour Machiavel, constitue l'erreur politique la plus grave. On touche peut-être ici au véritable point de rupture entre la pensée de Machiavel et l'enseignement politique traditionnel. D'après ce dernier, la paix était le moyen qui permettait à l'État d'accomplir les fins (justice, bien-vivre) pour lesquelles il avait été institué. Machiavel, au contraire, considère qu'elle le détourne de sa finalité propre (l'affirmation de sa puissance). Sans doute ne refuse-t-il pas la paix. Mais il dénonce l'amour de la paix, qui engendre l'illusion du repos et conduit à l'oubli de la guerre. C'est en déchiffrant les signes d'une guerre perpétuelle dans le silence de la quiétude publique que Machiavel rompt le plus brutalement avec la tradition. (...) Selon Meinecke,*

---

1. Frédéric II, *Réfutation du Prince de Machiavel*, éd. de Ch. Fleischauer, Genève, 1958, p. 169.

la dénaturation de la pensée de Machiavel en une doctrine du machiavélisme s'explique par l'oubli, consécutif au recul de la mentalité néo-païenne après le sac de Rome, du but moral de sa politique, la régénération de l'antique virtù du peuple italien. Coupée de sa vraie fin, la stratégie de reconquête étatique dont le Prince, certes, ne dessinait pas les grandes lignes, mais formulait les conditions, n'apparut plus que comme une méthodologie de l'ambition personnelle. Le prince nouveau qui devait reconstruire l'État et restaurer ainsi l'ancien esprit romain, se trouva réduit à la figure de l'usurpateur et interprété, par la suite, à travers les catégories traditionnelles de la tyrannie (par défaut de titre /par abus de pouvoir) »[1]. (© PUF, 1989.)

Au-delà de cette distinction entre deux cadres interprétatifs — celui de la guerre perpétuelle et celui d'un temps de l'histoire scandé par des moments de guerre, mais aussi de paix —, le retour au contexte historique spécifique dans lequel a été formulé l'antimachiavélisme s'avère éclairant : il s'agit notamment de réaffirmer la puissance de l'Église chrétienne et sa capacité militaire à combattre « le Turc » et d'autre part, son rôle prééminent dans la définition du pouvoir politique légitime. Gentillet, dont l'*Anti-Machiavel* (1576) connut un succès extraordinaire lors de sa publication, met ainsi en scène le soldat chrétien[2]. Réfutant l'idée selon laquelle le christianisme est responsable d'un affaiblissement des mœurs civiques et militaires, il critique sévèrement le point de vue de Machiavel et l'accuse de détourner les hommes de la religion :

« *Voila la maxime et les raisons que ce malheureux*

---

1. M. Senellart, *Machiavélisme et raison d'État*, pp. 42-49.
2. Le titre initial de l'ouvrage est *Discours d'Estat sur les moyens de bien gouverner et maintenir en bonne paix un royaume ou autre principauté. Divisez en trois parties à savoir du Conseil, de la Religion et Police que doit tenir un Prince ; Contre Nicolas Machiavel*. Il a été abrégé en *Anti-Machiavel* par Gentillet lui-même. Il porte autant sur les *Discours* que sur *Le Prince* et, quatre ans après la Saint-Barthélemy, a pour ambition de critiquer Catherine de Médicis et son entourage.

atheiste a vomies en ses beaux discours, pour blasmer et mettre du tout en mespris la religion chrestienne, et nous mener à son atheisme, et nous despouiller de toutes religion, crainte de Dieu, et de toute conscience, foy et loyauté, qui nous sont enseignées par nostre religion chrestienne[1]. »

Surtout, il s'attache à souligner la valeur militaire des chrétiens, invoquant à son tour l'histoire ancienne et moderne et notamment les hauts faits de Charles Quint :

« *C'est merveille que ce vilain athéiste ose mettre chose si absurdes en avant, et qui sont eloisgnes de toute experience et verité. Si ce qu'il dit estoit vray, il s'ensuyvroit que nul prince chrestien ne pourrait tenir contre les princes payens et infidèles. Mais les histoires anciennes et modernes ne nous monstrent elles pas tout le contraire*[2] ? »

Écrit par un protestant, l'*Anti-Machiavel* a, à travers sa critique de la vision machiavélienne de la religion, une signification qui transcende l'opposition entre catholiques et protestants. Il n'en reste pas moins que l'antimachiavélisme s'est également beaucoup développé à l'occasion des guerres de Religion. L'option d'une Contre-Réforme armée s'impose au sein de la Curie romaine dans les années 1570-1580, destinée à vaincre les hérétiques, coupables d'avoir provoqué des séditions et des révoltes en Allemagne, en France et aux Pays-Bas. La nécessité d'un christianisme armé est défendue en ce sens par Giovanni Botéro dans son *De regia sapientia* (1582, publié à Milan en 1583). On peut y lire également une réfutation des critiques machiavéliennes de la religion chrétienne, qui se poursuivra dans son ouvrage intitulé *Della ragion di Stato* (Venise, 1589). Cette question — et la critique de Machiavel qui en découle — est liée à celle du statut de l'Église catholique dans la cité. En effet, en situation offensive depuis le concile de Trente, la Curie romaine tient Machiavel pour l'apôtre de la laïcisation du politique

---

1. Gentillet, *Anti-Machiavel*, éd. de C. Edward Rathé, Genève, Droz, 1968, pp. 215-216. **2.** Gentillet, *ibid.*, pp. 216-217.

et de son émancipation du théologique et lui oppose une « raison d'Église », selon laquelle le pouvoir spirituel prime sur le temporel. L'entrée de Henri IV à Paris en 1594 suscita en ce sens plusieurs questions : fallait-il l'absoudre ? Était-ce licite ? Était-ce opportun ? Mais c'est peut-être à travers les débats sur la liberté religieuse aux Pays-Bas et sur le choix à faire entre la paix civile accompagnée de tolérance religieuse et la primauté du pouvoir spirituel jointe à l'exclusivité du catholicisme dans les années 1560-1580 que le positionnement pour ou contre Machiavel apparaît sous son jour le plus radical :

« *La France, comme elle est la plus grande et la plus puissante de tous ses voysins, elle est aussi la plus dangereuse, tant à cause de la liberté de conscience qui y est permise, qui veut dire le grand chemin à l'athéisme, à la nullité de religion et à une dissolution entière de toutes les bonnes mœurs (...) Et comme elle se conduit entièrement par politique machiavelliste, n'ayant d'autre but que son intérêt et grandeur, elle n'a ny foy, ni loy, ni religion, qu'autant qu'ils servent à son avancement*[1]. »

Du point de vue des pratiques politiques, le catholicisme s'est attaché à définir une « raison d'État » ou un « art d'État » conforme aux enseignements chrétiens. Parmi d'autres, la réflexion d'un haut fonctionnaire espagnol au service de Philippe III, Fernando Alvia de Castro, qui publie en 1616 à Lisbonne la *Verdadera razon de Estado. Discurso politico,* illustre cette tentative de conciliation. Rejetant la conception de la raison d'État comme stratégie visant l'utilité du prince, il fait appel à Cicéron, Sénèque et saint Thomas pour défendre les principes d'une politique morale et l'idée qu'une action faite au dépens de la justice n'est utile qu'en apparence et nuit à la réputation et à la sécurité du prince.

---

1. A. L. P. Robaulx de Soumoy (éd.), *Considérations sur le gouvernement des Pays-Bas*, Bruxelles-La Haye, 1872, t. I, p. 197.

BIBLIOGRAPHIE

La bibliographie sur Machiavel est infinie ; aussi avons-nous été contraint de faire un choix et avons-nous souvent privilégié les textes et études accessibles en français. Tout en signalant lui aussi l'impossibilité d'indiquer l'ensemble des ouvrages parus sur Machiavel, E. Cutinelli-Rendina a néanmoins, dans son introduction à Machiavel (*Introduzione a Machiavelli*, Laterza, 1999), réuni un grand nombre de titres. Nous y renvoyons le lecteur désireux d'approfondir sa connaissance de Machiavel et de son exégèse. Les références des sources textuelles de Machiavel, lorsque nous les citons, sont seulement indiquées en note dans la traduction, à l'exception de quelques textes majeurs de la pensée politique qui figurent également dans cette bibliographie.

Œuvres et vie de Machiavel

En français, on peut consulter plusieurs traductions anciennes du *Prince* avec intérêt, tant pour la manière dont elles ont rendu le texte, que pour les commentaires qui les accompagnent : Gohory (1571), Amelot de la Houssaye (1740) et Périès (1823-26). Parmi les plus récentes, on retiendra celle d'Y. Lévy (GF Flammarion, 1980) et surtout celle de J.-L. Fournel et J.-C. Zancarini (PUF, Fondements de la politique, 2000) pour son appareil critique et son interprétation sur la langue de Machiavel. En anglais, quoique difficilement trouvable, l'édition de L. A. Burd, *Il Principe* (Clarendon Press, 1891) demeure toujours essentielle, pour sa recherche des sources textuelles de Machiavel. Les éditions italiennes sont innombrables et on peut choisir celle de G. Sasso (Florence, La Nuova Italie, 1963) et celle de G. Inglese (Einaudi, 1995), mais consulter également deux autres, plus anciennes : celle de G. Lisio (Florence, Sansoni, 1899) et celle de F. Chabod (Turin, UTET, 1924), tous deux fins connaisseurs de Machiavel.

Pour les *Discours sur la première décade de Tite-Live*, l'*Art de la guerre*, les *Histoires florentines*, la *Vie de Castruccio Castracani*, le théâtre et la poésie de Machiavel, on se reportera aux *Œuvres*, tr. de Ch. Bec (Laffont, 1996), édition qui comporte également un choix de légations et de lettres.

En matière de biographie, la *Vita di Niccolò Machiavelli* de R. Ridolfi (Rome, Belardetti, 1954, rééditée de nombreuses fois) demeure la référence ; en français, on pourra lire celle de Ernst Weibel, *Machiavel : biographie politique* (Éditions universitaires de Fribourg, 1988).

Machiavel, Savonarole, F. Guicciardini et alii

Le public français n'a pas étendu sa passion pour Machiavel à des auteurs qui lui sont contemporains ; la lecture de leurs œuvres, nourries par les mêmes questions que les siennes, contribuerait pourtant beaucoup à éclairer sa réflexion. Quelques publications ou études permettent d'amorcer en français une lecture croisée :

Baldassare Castiglione, *Le Livre du courtisan*, tr. et prés. de A. Pons, GF-Flammarion, 1991.

Felix Gilbert,

— *Machiavelli and Guicciardini*, Princeton University Press, 1965.

— *Niccolò Machiavelli e la vita culturale del suo tempo*, tr. de A. de Caprariis, Il Mulino, 1964.

— « Florentine Political Assumptions in the Period of

Savonarola and Soderini », *Journal of the Warburg and Courtauld Institute*, 1957, 20, pp 187-214.

Francesco GUICCIARDINI,

— *Considérations à propos des Discours de Machiavel sur la première décade de Tite-Live*, tr. de L. De Los Santos, L'Harmattan, 1997.

— *Écrits politiques, Discours de Logroño, Dialogue sur la façon de régir Florence*, Intr., tr., postface et notes par J.-L. Fournel et J.-C. Zancarini, PUF, 1997.

— *Histoire d'Italie*, tr. de J.-L. Fournel et J.-C. Zancarini, Laffont, 1996.

— Les *Ricordi* sont disponibles en français dans deux traductions : *Ricordi*, tr. de Fr. Bouillot et A. Pons, précédés de « Guichardin, l'action et le poids des choses », par A. Pons, Ivréa, 1988 et *Avertissements politiques*, tr. de J.-L. Fournel et J.-C. Zancarini, Cerf, coll. La nuit surveillée, 1998.

Girolamo SAVONAROLE, *Sermons, écrits politiques et pièces du procès*, tr. et prés. de J.-L. Fournel et J.-C. Zancarini, Le Seuil, 1993.

D. WEINSTEIN, *Savonarole et Florence, prophétie et patriotisme à la Renaissance*, tr. de M.-F. de Palomera, Calmann-Lévy, 1973.

Perspectives pour la pensée politique : lire Machiavel à la lumière des « anciens » et des « modernes »

Nous n'avons pas mentionné de référence pour certains textes, notamment lorsqu'ils sont disponibles dans plusieurs éditions.

ARISTOTE, *Les Politiques*, tr. de P. Pellegrin, GF Flammarion, 1990.

CICÉRON, *Des devoirs*.

DANTE, *De monarchia*, tr. de M. Gally, Belin, 1993.

DESCARTES, Correspondance avec Élisabeth, *in* : *Œuvres*

philosophiques, t. III, éd. de F. Alquié, Bordas, Classiques Garnier, 1989.

J.-H. FICHTE, *Machiavel et autres écrits philosophiques et politiques de 1806-1807*, tr. de L. Ferry et A. Renaut, Payot, 1981.

A. Ch. FIORATO (dir.), *La Cité heureuse — L'utopie italienne de la Renaissance à l'âge baroque*, Quai Voltaire, 1992.

GRAMSCI, *Noterelle sulla politica del Machiavelli*, Quaderno 13, Turin, 1981.

T. HOBBES,

— *Le Citoyen ou les fondements de la politique*, tr. de S. Sorbière, GF Flammarion, 1982.

— *Léviathan*, tr. de Fr. Tricaud, Sirey, 1983.

MONTESQUIEU,

— *De l'esprit des lois*.

— *Considérations sur les causes de la grandeur des romains et de leur décadence*, Gallimard, La Pléiade, 1951.

(Maurice Joly a mis en scène un dialogue entre Montesquieu et Machiavel qu'il faut découvrir : *Dialogue aux enfers entre Machiavel et Montesquieu ou la politique de Machiavel au XIXe siècle par un contemporain*, éd : Bruxelles, 1868.)

Thomas MORE, *Utopie*, tr. de M. Delcourt, Flammarion, 1987.

Gabriel NAUDÉ, *Considérations politiques sur les coups d'État*, Préface de L. Marin, les Éditions de Paris, 1988.

MARSILE DE PADOUE, *Defensor Pacis*, tr. de J. Quillet, Vrin, 1968.

PLATON, *La République*, tr. de P. Pachet, Gallimard, Folio/Essais, 1993.

Jean-Jacques ROUSSEAU, *Du contrat social*.

SPINOZA,

— *L'Éthique*, tr., prés. et com. de B. Pautrat, Seuil, Essais 1999.

— *Traité des autorités théologique et politique*.

— *Traité de l'autorité politique*.

L. STRAUSS, *De la tyrannie*, tr. de H. Kern, revue par

A. Enegrèn, suivi de la Correspondance avec Alexandre Kojève (1932-1965*)*, NRF, Gallimard, 1997. (Quoique sans rapport immédiat avec Machiavel, cet ouvrage offre l'occasion d'une réflexion politique dans laquelle il est un interlocuteur privilégié.)

Giambattista Vico, *Scienza nuova* (1744), *in* : *Opere*, 2 vol., éd. de A. Battistini, Mondadori, 1990.
(A titre introductif, nous recommandons l'article de O. Remaud, « Conflits, lois et mémoire. Vico et Machiavel »*, Revue philosophique*, 1999, 1, pp. 35-60.)

Études sur la langue et le texte du Prince

Hans Baron,
— « The Principe and the Puzzle of the Date of the Discorsi », *Bibliothèque d'humanisme et Renaissance*, 1955, 18, pp. 57-69.
— « Machiavelli : the Republican Citizen and the Author of The Prince », *English Historical Review*, 1961, 76, pp. 217-253.

Federico Chabod, *Scritti su Machiavelli*, I, Einaudi, Turin,1964.

Fredi Chiappelli, *Studi sul linguaggio del Machiavelli*, Firenze, Le Monnier, 1952.

A. H. Gilbert, *Machiavelli's Prince and its Forerunners, The Prince as a typical book « de regimine principum »*, Durham, 1938.

F. Gilbert, *History, Choice and Commitment*, Belknap Press, 1977 (un chapitre est consacré au *Prince*).

Paul Larivaille, *La Pensée politique de Machiavel — Les « Discours sur la première décade de Tite-Live »*, Presses Universitaires de Nancy, 1982.

D. Lyons, *Exemplum — The Rhetoric of example in Early Modern France and Italy*, Princeton University Press, 1989 (un très bon chapitre est consacré à Machiavel).

H. C. Mansfield Jr., *Le Prince apprivoisé — De l'ambivalence du pouvoir*, tr. de P.-E. Dauzat, Fayard, L'esprit de la cité, 1999 (édition originale en anglais, 1989).

Gennaro SASSO,
— *Machiavelli e gli antichi e altri saggi*, Milano-Napoli, Riccardo Ricciardi Editore, I, 1987, II et III, 1988 et IV, 1989.
— *Niccolò Machiavelli, Storia del suo pensiero politico*, I, Il Mulino, 1980 (1re édition, 1968).

Études générales sur Machiavel et le contexte historique et politique de son œuvre

Hans BARON,
— *The crisis of the Early Italians Renaissance*, I, Princeton University Press, 1955.
— *In Search of Florentine Civic Humanism, Essays on the Transition from Medieval to Modern Thought*, Princeton University Press, 1988.
Anthony BLACK, *Political thought in Europe, 1250-1450*, Cambridge Medieval Textbooks, 1992.
E. CUTINELLI-RENDINA, *Chiesa e religione in Machiavelli*, 1998.
Eugenio GARIN,
— *Machiavelli fra politica e storia*, Turin, 1993.
— *L'umanesimo italiano*, Economica Laterza, 1994.
— *Lo Zodiaco della vita — La polemica sull'astrologia dal Trecento al Cinquecento*, Laterza, 1976.
Ch. LAZZERI et D. REYNIÉ (dir.),
— *La Raison d'État : politique et rationalité**, PUF, 1992.
— *Le Pouvoir de la raison d'État**, PUF, 1992.
Jean-Jacques MARCHAND, *Primi scriti (1499-1512), Nascita di un pensero e di uno stile*, Editrice Antenore, Padova, 1975.
Andrea MATUCCI, *Machiavelli nella storiografia fiorentina — per la storia di un genere letterario*, Leo S. Olschki Editore, 1991.
Pierre MESNARD, *L'Essor de la philosophie politique au XVIe siècle*, Bovin et Cie Editeur, Paris, 1936 (le chapitre consacré à Machiavel est bon).

Anthony PAREL, *The Machiavellian cosmos*, Yale University Press, 1992.

Alexandre PASSERIN D'ENTRÈVES, *La Notion de l'État*, trad. de Jean R. Weiland, Sirey, 1969.

G. PROCACCI, *Machiavelli nella cultura europea dell'età moderna*, Laterza, 1995 (une étude approfondie de la réception de Machiavel).

N. RUBINSTEIN,

— *Florentine studies. Politics and Society in Renaissance Florence,* Londres, Faber & Faber, 1968.

— « The History of the word "politicus' », in : *The Languages of Political Theory in Early-Modern Europe*, dir. A. Pagden, Cambridge University Press, 1987.

Michel SENELLART,

— *Machiavélisme et raison d'État**, PUF, 1989.

— *Les Arts de gouverner**, Seuil, 1995.

Quentin SKINNER,

— *The Foundation of Modern Political Thought*, I, Cambridge, 1978.

— *Machiavel*, Le Seuil, tr. de M. Plon, 1989 (édition originale en anglais, 1980).

— (co-ed. avec G. Bock et M. Viroli) *Machiavelli and Republicanism*, Cambridge University Press, 1990.

Lars VISSING, *Machiavel et la politique de l'apparence*, PUF, La politique éclatée, 1986.

B. WITCH, *L'Idée de milice et le modèle suisse dans la pensée de Machiavel*, L'âge d'homme, 1995.

Paola ZAMBELLI, *L'ambigua natura della magia. Filosofi, streghe, riti nel Rinascimento*, Supertascabili Marsilio, 1996.

Luigi ZANZI, *I « segni » della natura e i « paradigmi » della storia : il metodo del Machiavelli*, La Caita Editore, 1981.

Yves Charles ZARKA (dir.) *Raison et déraison d'État**, PUF, Fondements de la politique, 1994.

---

* Aucune de ces études ne porte spécifiquement sur Machiavel, mais elles permettent de situer son œuvre et son questionnement par rapport aux notions de raison d'État et d'art de gouverner.

Analyses et interprétations

Miguel ABENSOUR, *La Démocratie contre l'État, le moment machiavélien de Marx*, Collège International de Philosophie, 1997.

Louis ALTHUSSER,

— *Machiavel et nous, Écrits philosophiques et politiques*, Tome II, Stock/Imec, 1995.

— *Solitude de Machiavel*, éd. préparée et commentée par Y. Sintomer, PUF, 1998.

Hannah ARENDT,

— *Essai sur la révolution*, tr. de M. Chrestien, Gallimard, 1967 (édition originale en anglais, The Viking Press, 1963).

— *La Crise de la culture*, tr. de P. Lévy, Gallimard, 1972.

Anders EHNMARK, *Les Secrets du pouvoir*, tr. M. de Gouvenain et L. Grumbach, Actes sud, 1988.

Roberto ESPOSITO, *Ordine e conflitto, Machiavelli e la letteratura politica del Rinascimento italiano*, Naples, Liguori editore, 1984.

Claude LEFORT,

— *Le Travail de l'œuvre Machiavel*, Gallimard, 1972.

— « Machiavel et la verità effetuale », *in* : *Écrire à l'épreuve du politique*, Calmann-Lévy, Agora Pocket, 1992.

— « Machiavel : la dimension économique du politique », « L'œuvre de pensée et l'histoire », « Machiavel et les jeunes », « Réflexions sociologiques sur Machiavel et Marx : la politique et le réel », *in* : *Les Formes de l'histoire*, Gallimard, 1978.

Pierre MANENT,

— *Naissances de la politique moderne, Machiavel, Hobbes, Rousseau*, Payot, 1977.

— « Vers l'œuvre et le monde : le Machiavel de Claude Lefort », *in* : *La Démocratie à l'œuvre — Autour de Claude Lefort*, sous la dir. de Cl. Habib et Cl. Mouchard, Éditions Esprit, 1993.

Maurice MERLEAU-PONTY, « Signes », *in* : *Note sur Machiavel*, NRF Gallimard, 1960.

Antonio NEGRI,
— *Le Pouvoir constituant, essai sur les alternatives de la modernité*, tr. de E. Balibar et Fr. Matheron, PUF, coll. Pratiques théoriques, 1997.

J. G. A. POCOCK, *Le Moment machiavélien*, tr. L. Borot, PUF, coll. Léviathan, 1997.

Gérald SFEZ,
— *Machiavel, la politique du moindre mal*, PUF, Collège international de philosophie, 1999.
— *Le Prince sans qualité*, Kimé, 1998.

Leo STRAUSS,
— *Pensées sur Machiavel*, tr. de M.-P. Edmond et T. Stern, Payot, 1982 (édition originale en anglais, The Free Press, 1958).
— *Qu'est-ce que la philosphie politique ?*, tr. de O. Sedeyn, PUF, 1992 (édition originale en anglais, The Free Press, 1959).

Articles et numéros spéciaux de revue

« Machiavel ou la maîtrise de l'urgence sommaire », *Archives de philosophie*, Avril-Juin 1999, 62/2.

« Machiavel », *Revue philosophique de la France et de l'étranger*, PUF, 1999, Janvier-Mars, 1.

« L'antimachiavélisme de la Renaissance aux Lumières », *Problèmes d'histoire des religions*, éd. par A. Dierkens, 8/ 1997, Éditions de l'Université de Bruxelles.

« L'anti-machiavélisme de la Renaissance aux Lumières », *Corpus*, 31, 1997.

« L'art de la guerre machiavélien, bréviaire de l'Humanisme militaire ? Pensée stratégique & humanisme, de Polybe à Raymond Aron », Colloque international, 19, 20 et 21 mai 1999, Namur.

Un grand nombre d'articles essentiels sur Machiavel et son œuvre, écrits depuis un siècle, surtout en italien et en anglais, ont été réunis en deux volumes dans la collection Great Political Thinkers : *Machiavelli*, éd. par J. Dunn and I. Harris, An Elgar reference Collection, Chelteham UK and Lyme, US, 1997.

INDEX DES NOTIONS

INDEX DES NOMS PROPRES

Table

ANNEXES

Composition réalisée par NORD COMPO
Achevé d'imprimer en Janvier 2007, en France sur Presse Offset par
BRODARD ET TAUPIN
Groupe CPI - La Flèche (Sarthe).
N° d'imprimeur : 37923 – N° d'éditeur : 79894
Dépôt légal 1re publication : septembre 2000
Édition 07 – janvier 2007
LIBRAIRIE GÉNÉRALE FRANÇAISE – 31, rue de Fleurus – 75278 Paris cedex 06.

30/4662/0